4050, 은퇴 준비 되셨나요?

4050, 은퇴 준비 되셨나요?

발행일   2022년 5월 6일

지은이   윤재아빠
펴낸이   손형국
펴낸곳   (주)북랩
편집인   선일영   편집   정두철, 배진용, 김현아, 박준, 장하영
디자인   이현수, 김민하, 안유경, 최성경   제작   박기성, 황동현, 구성우, 권태련
마케팅   김회란, 박진관
출판등록   2004. 12. 1(제2012-000051호)
주소   서울특별시 금천구 가산디지털 1로 168, 우림라이온스밸리 B동 B113~114호, C동 B101호
홈페이지   www.book.co.kr
전화번호   (02)2026-5777   팩스   (02)2026-5747

ISBN   979-11-6836-303-8 03190 (종이책)   979-11-6836-304-5 05190 (전자책)

(주)북랩 성공출판의 파트너
북랩 홈페이지와 패밀리 사이트에서 다양한 출판 솔루션을 만나 보세요!
홈페이지 book.co.kr   •   **블로그** blog.naver.com/essaybook   •   **출판문의** book@book.co.kr

작가 연락처 문의 ▶ ask.book.co.kr
작가 연락처는 개인정보이므로 북랩에서 알려드릴 수 없습니다.

누구도 가르쳐주지 않았던 진짜 은퇴 플래닝

4050,
은퇴 준비
되셨나요?

윤재아빠 지음

북랩

4050, 은퇴 준비 되셨나요?

20년 넘게 직장생활을 해오면서 최근 15년 동안 동고동락했던 친한 선배가 회사를 떠난다는 이야기를 들으면서 그동안 함께했던 시간들이 주마등처럼 스쳐 지나갔습니다. 옆에서 지켜보면 자기 자신보다는 회사를 위해서, 후배들을 위해서 모든 일에 언제나 진심으로 최선을 다했던 훌륭한 선배였기에 머릿속으로는 "선배가 왜? 무슨 일로?"라고 묻고 싶었지만 그 순간에는 감히 어떤 이야기도 할 수가 없었습니다.

그러면서 나도 회사를 떠나야 하는 순간이 올 테고 언젠가는 버려질지 모른다는 생각을 하다 보니 아직 전혀 준비가 되어 있지 않은 저로서는 앞이 막막하기만 하고 두려움과 걱정이 앞섰습니다. 모든 직장인들이 가슴속에 사직서를 항상 품고 다닌다고 이야기할 정도로 직장인이라면 누구나 퇴사에 대한 고민과 부담을 안고 살아가는 것 같습니다. 그리고 은퇴는 어떤 형태로든 누구에게나 일어날 수밖에 없는 일이지만 현실에서 은퇴에 대해 미리 계획하고 준비하는 사람은 많지 않아 보입니다. 그러다 보니 막상 은퇴를 받아들여야 하는 순간이 되면 많은 사람들이 크나큰 충격과 상실감에 빠지는 모습을 자주 보고 듣게 됩니다.

생각해보면 직장생활은 어느 시점에는 다시 내려와야 하는 등산과도 비슷해 보입니다. 어떤 사람은 정상에서 내려올 수도 있겠지만, 어떤 사람은 중간 약수터까지 갔다 내려오기도 하고, 어떤 사람은 다음

날 무릎 관절이 나가기도 하고, 본인의 체력이 다한 줄도 모르고 무리하게 오르기만 하다가 구조대에 실려 내려오는 사람도 있습니다.

일반적인 산과는 달리 직장이라는 산은 안개가 자욱하고 가도 가도 끝이 보이지 않고 모든 사람들이 서로 앞다투어 먼저 오르려고 경쟁하느라 주변의 경치를 구경하거나, 만나는 사람들과 덕담을 나누거나, 계절이 주는 향기를 맡을 여유조차 없습니다.

저 역시 앞만 보고 정상을 향해 조급하게 산을 달려 올라왔습니다.

사회 초년생이 그러하듯이 등산의 초입에는 누구나 주변을 둘러볼 여유도 있고 체력도 충분합니다. 하지만 시간이 지날수록 나도 모르게 점점 지치고 힘들고 주변에 신경 쓸 여유는 사라지게 됩니다.

모든 등산이 올라간 후에는 내려와야 하듯이 직장생활 역시 은퇴라는 내리막길을 준비해야 합니다. 갑작스런 내리막길에서 내 마음이, 내 몸이 다치지 않으려면 산을 오르면서 내려올 것도 미리 계획하고 준비하는 수밖에 없습니다.

대부분의 직장인들은 오르는 것만 배웠고, 앞다투어 먼저 오르려고만 해왔기 때문에 본인이 내려올 때가 된 것을 알지 못하는 경우가 많습니다.

등산에서 사고가 나는 대부분의 경우는 무리해서 등산을 하다 체력이 바닥난 상태로 내리막길을 내려오면서 발생하게 됩니다.

내리막을 예상하지 않고 끝없이 오르려고만 한다면 산을 내려가야 하는 순간이 왔을 때 자기만 다치고 만신창이가 될 것입니다. 직장생활에서의 은퇴라는 내리막길에서는 아무도 나를 챙겨주지 않습니다. 스스로 미리 준비하고 계획한 사람들만이 안전한 내리막길을 내려오면서 휘파람도 불고, 주변 향기도 맡고, 올라가면서는 보지 못했던 경치를 즐기고, 오르는 사람들한테 산 위 정상이 어떤지, 얼마나 남았는지도 알려줄 수 있는 여유를 가질 수 있습니다.

　은퇴 이후의 새로운 삶을 받아들이기 위해서는 현재 자신이 가진 것을 내려놓을 수 있는 크나큰 용기도 필요로 합니다.

　내가 무엇을 내려놓고 무엇을 취할 것인지는 깊이 고민해서 결정해야 할 문제입니다. 물론 나의 의지와 상관없이 퇴사를 통보받는 경우도 있을 텐데 그런 경우를 대비해 미리 은퇴를 설계해보고 연습해보는 것도 좋을 것입니다.

　은퇴 후에는 어느 정도의 경제적인 자유와 함께 자기가 정말 하고 싶었던 일에 더 많은 시간과 에너지를 쏟을 수 있어야 합니다. 그러기 위해서는 은퇴를 결정하기 전에 경제적인 미래 계획과 함께 본인이 정말 원하는 것이 무엇인지를 반드시 찾아야 합니다.

　현재의 일에 싫증이 나서, 또는 사람이 싫어서 도피하기 위한 것이라면 은퇴를 생각하기보다는 잠깐 쉬면서 더 나은 직장을 찾거나 내가 원하는 것이 무엇인지에 대해 먼저 찾아봐야 할 것입니다.

　고정되고 안정된 수입을 위해 회사와 일에 투자하던 자신의 소중한 시간을 은퇴 후에는 자신과 가족을 위해 온전히 사용할 수 있게 됩니다. 대신에 고정 수입과 사회적인 위치나 자리는 포기해야 합니다.

　은퇴 전에는 회사나 조직이라는 시스템 내에서 주어지는 일을 하고 월급을 받으며 생활하던 안정적이고 수동적인 삶이었다면, 은퇴 이후에는 앞으로 수십 년 동안 평생 즐기면서 할 수 있는 일을 찾아 변화를 받아들이고 새로운 인생을 설계해나가는 능동적인 삶이 되어야 합니다.

은퇴는 지금까지 쌓아왔던 사회생활의 경력을 단절시키게 됩니다. 현재 본인이 추구하는 꿈과 목표에 따라 은퇴를 고민하기보다는 좀 더 높은 성과를 통해 회사에서 조금 더 빨리 성장하고 사회적인 성공을 만들어내는 것을 우선으로 하고, 거기서 보람을 가지는 사람들도 있을 것입니다.

그런 사람들보다는 회사 기준에서 중요한 것이 아닌, 나와 내 인생에 있어 정말 중요한 것을 진중하게 고민해서 찾아가기를 바라며 은퇴를 고민하는 사람들에게 조금이나마 도움이 되고자 하는 마음으로 이 책을 썼습니다.

현재의 일이 즐겁고 보람도 있었는데 특별한 사정으로 인해 예기치 못한 퇴직을 당한 경우라면, 그동안 쌓아온 경험과 경력을 살려 더 나은 직장을 찾는 것이 맞을 것입니다. 하지만 지금 하고 있는 일에서 보람이나 열정을 찾기 어렵다면 과거를 버리고 새로운 눈으로 자신에게 맞추어진 미래를 선택해야 합니다.

영화 '돈 룩 업'에서 천문학 교수인 랜들 민디 박사(레오나르도 디카프리오 扮)가 행성 충돌로 인한 인류 멸망을 앞두고 가족, 친구들과 함께하는 너무도 평범한 마지막 저녁 식사에서 던진 한마디는 제 귓가에서 한참을 맴돌았고 깊은 울림을 주었습니다.

"생각해보면, 우린 정말 부족한 게 없었어. 그렇지? 생각해보면 그래."

죽음을 눈앞에 맞이하고 나서야 우리의 일상은 충분히 행복했고, 사랑하는 가족과 주변 사람들이 자신에게 가장 소중했다는 것을 뒤늦게 깨닫게 되는 순간을 덤덤히 표현하고 있습니다.

영화에서는 정치인들과 영향력 있는 경제계 인사들이 자신들의 이

권을 잃지 않기 위해 행성 충돌의 사실을 숨기면서 거짓으로 대중들을 현혹시킵니다. 안타깝게도 대부분의 사람들은 언론이 이끄는 대로 따라가는 모습이 나옵니다. 우리의 일상 역시 온전히 우리 자신의 삶이 아닌, 우리가 속한 사회와 조직이 이끄는 가짜의 삶을 살고 있는 것은 아닌가 싶기도 합니다.

한국에서는 네덜란드 철학자 스피노자의 명언으로 알려져 있고, 유럽에서는 마르틴 루터가 한 말로 알려져 있는 "내일 지구가 멸망하더라도 오늘 한 그루의 사과나무를 심겠다"라는 말은 우리 모두가 너무도 잘 알고 있는 명언입니다.

나에게 앞으로 1년의 시간이 남았다면 과연 나는 지금 무엇을 할 것인지 스스로에게 질문을 던져보았지만, 자신 있게 무엇을 하겠다고 답하지 못하는 모습을 보면서 저 역시 아직도 내 인생에서 가장 중요한 것이 무엇인지 찾지 못했다는 생각이 들었습니다.

어쩌면 책에 나오는 내용들에 대해 많은 사람들이 공감하고 있을 수 있습니다. 막연하게 자신에 대해 잘 알고 있다고 생각할 수도 있습니다. 하지만 이 책을 통해 자신을 다시 한번 돌아보고, 진정한 자아를 찾아갈 수 있는 계기가 되었으면 합니다.

이 책이 인생이라는 넓고 깊은 강을 한번에 건널 수 있게 하는 마법의 다리는 못 되겠지만, 나아갈 방향을 찾아 그 첫걸음을 한발 내디딜 수 있게 도울 수 있는, 조그만 디딤돌이 되어주기를 간절히 바랍니다.

2022년 봄에
윤재아빠

CONTENTS

글을 시작하며 05

CHAPTER 1

**은퇴, 언젠가는
받아들여야 할 숙명**

1. 은퇴에 대한 고민의 시작 14

2. 워크홀릭과 40대 중반에 찾아온 번아웃 19

3. 놓치고 살아왔던 중요한 것들 22

4. 조직에서 원하는 미래 인재상의 변화 25

CHAPTER 2

**행복한 은퇴를
위한 준비**

1. 제대로 된 은퇴 준비가 필요한 까닭 30

2. 경제적 준비 32

3. 꾸준한 자기계발 49

4. 건강 관리 57

5. 주변과 풍요로운 관계 만들기 61

6. 많아지는 시간에 대한 관리 68

7. 진정한 자아 찾기 75

CHAPTER 3

**은퇴 선배들을 통해
미리 배워보기**

1. 은퇴 멘토의 필요성과 그들과의 인터뷰 84

2. 30대에 직장을 떠나 자신의 삶을 살아가고 있는 G씨 86

3. 정년을 앞두고 조기 은퇴한 K씨 112

4. 정년퇴직 이후 계속해서 직장생활을 하고 있는 H씨 133

5. 직장을 다니면서 은퇴를 준비하고 있는 J씨 141

6. 인터뷰를 정리하며 158

CHAPTER 4

은퇴 플래닝

1. 은퇴 플래닝의 중요성 162

2. 자신만의 은퇴 플래닝을 위한 환경 변수 이해하기 165

3. 자신만의 은퇴 시나리오 도출 167

4. 임원 진급과 조기 은퇴 사이에서 고민하는 나퇴직 씨의
   은퇴 플래닝 169

5. 은퇴를 결심한 나갈래 씨의 은퇴 플래닝 185

6. 나의 은퇴 플래닝 연습 199

글을 마무리하며 209

CHAPTER 1

은퇴, 언젠가는
받아들여야 할 숙명

1 ⟶ 은퇴에 대한 고민의 시작

내년에 50을 바라보면서 수많은 걱정과 잡생각들로 일상에서 웃음을 잃고 무겁게 지낸 지 꽤 오랜 시간이 지난 어느 날, 아내와 저녁 식사를 마치고 이야기를 나누던 중 "자기는 반백 년을 살았는데 아직도 자기가 정말로 하고 싶은 게 뭔지 모르고 있는 것 같아. 아직 자아를 못 찾은 건 아닌지 잘 생각해봐!"라는 아내의 한마디에 뭔가 쇠망치로 뒤통수를 맞은 것 같은 충격과 함께 정신이 번쩍 들었습니다.

그 한마디는 내가 왜 그렇게 축 처져서 의욕도 없이 끝없는 암흑 속으로 빠져들어가는 것 같았는지, 그 얽혀 있던 실타래의 원인을 찾을 수도 있겠다는 실마리가 되어 주었습니다.

아르키메데스가 목욕을 하던 중에 "유레카"를 외치면서 찾아낸 인류 과학의 엄청난 발견은 아니었지만, 저한테는 너무도 간절하고 절실했던 순간이었기에 그 순간이 어쩌면 나만의 유레카가 아니었나 싶습니다.

누구보다 열심히 주어진 일에 몰두하면서 최선을 다해 잘해왔다고 항상 자부하고 있었고, 회사에서 제가 맡은 일로 인해 주변의 다른 사람들한테 절대 피해나 부담을 주지 않겠다는 마음으로 완벽주의에 가깝게 일을 처리해왔던 것 같습니다.

그러다 보니 제가 가진 능력이나 이루어낸 성과에 비해 주변의 많은 동료들로부터의 좋은 피드백과 회사에서의 훌륭한 평가와 인정을 항상 받아왔습니다.

회사에서 성과에 대한 인정과 후배들의 존중으로 저의 자존감과 자아도 강해졌고, 항상 주변에 감사한 마음을 가지면서도 나름 자신 있게 열심히 살아왔다고 자부하면서 지내왔습니다. 사랑하는 가족과 회사 동료들이 있었기에 지금의 저의 모습이 만들어졌고 여기까지 올 수 있었다고 생각됩니다.

하지만 거기에는 엄청난 함정이 있다는 것을, 아내가 해 준 한마디로 정말 반백 년의 시간이 지나서야 깨달을 수 있었습니다.

회사라는 조직체에서 '나'라는 존재는 진정한 내가 아니라는 것을, 회사에서 인정받고 후배들의 존경을 받아왔던 나는 사회가 만들어준 나의 모습이었고, 신기루나 모래성처럼 하루아침에 언제든지 사라질 수 있는, 허상과도 같은 자아임을 깨닫는 순간이었습니다.

평생을 바쳐 일구어온 나의 모습은 내가 만든 게 아니라 회사와 주변의 동료들과 소중한 지인들이 만들어준 자아였고 그건 제가 그 조직, 그 공동체를 떠나는 순간에는 사라지게 될 것입니다.

저는 그렇게 회사가 만들어준 자아를 잃거나 내려놓는 순간 제 자신도 함께 사라질 수 있다는 것을 무서워하고 걱정하고 있었던 것입니다.

제가 그렇게 불안해하고 걱정하면서 스스로를 괴롭혀왔던, 얽힌 실타래의 시작이 어쩌면 여기가 아닐까 하는 생각으로 일이나 회사가 아닌 제 자신을 모든 것의 중심에 두고 생각을 정리해보기로 했습니다.

어떻게 보면 지금까지 살아온 50년의 삶은 나를 위한 삶이 아니라 회사생활을 위한 게 아니었나 싶습니다. 반백 년의 반은 사회에서 한 명의 사회 구성원으로서 온전한 역할을 하기 위한 성장과 교육의 시간이었고, 나머지 반은 한 회사의 구성원으로서 회사를 통해 만들어진 나의 모습이었습니다.

모든 직장인들이 그러하듯이 저 역시 오랫동안 회사 선후배, 동료들과 함께 문제를 고민하고, 해결하고, 성과를 이루어내면서 함께 성장해 왔습니다. 그리고 지금도 제 역할과 자리에서 최선을 다하고 있고, 젊은 후배들이 일하기 좋은, 더 나은 회사 문화를 만들어가기 위해 노력하고 있습니다. 하지만 그 안에서는 제 아내가 이야기한 진정한 나의 모습, 나의 자아는 찾기가 어려웠습니다.

인생의 중반을 넘어선 지금도 여전히 회사가 원하는 방식과 다른 사람들이 원하는 방식에 제 삶을 맞추어 살아가고 있다는 생각이 큽니다. 제가 정말 하고 싶은 것, 이루고 싶은 것을 좇기보다는 명성이나 직위, 다른 사람들의 시선을 의식하며 제 자신이 아닌 다른 사람의 모습으로 살아가고 있는 것입니다.

많은 사람들이 그렇겠지만 저 역시 다른 사람들과 마찰하는 것을 극도로 싫어합니다. 하지만 어느 누구도 세상 모든 사람들로부터 사랑받을 수 없고, 세상 모든 사람들을 만족시키며 살 수는 없을 것입니다. 이제 반백 년을 살아온 삶에서 다른 사람보다는 제 자신을 만족시키고, 제 자신의 모습을 찾아가야 할 때가 아닌가 싶습니다.

인생에 연습은 없습니다. 그래서 더더욱 잘 준비해서 즐겁고 보람된 삶을 살아야 합니다.

투자의 귀재이자 세계적인 투자자인 워렌 버핏은 "오늘 누군가가 그늘에 앉아 쉴 수 있는 이유는 오래전에 누군가가 나무를 심어뒀기 때문이다"라고 말했습니다.

지금 이 순간이 1년 전, 3년 전, 5년 전에 우리 자신이 만들어낸 미래이고, 우리가 살아가는 오늘은 어제의 우리가 그렇게 간절히 꿈꾸던 내일의 모습입니다.

인생은 되돌릴 수 없기 때문에 한번 사는 인생을 잘 준비하고 온전히 즐길 수 있어야 합니다.

"중요한 것은 그저 사는 것이 아니라, 잘 사는 것이다"라는 소크라테스의 말처럼 은퇴 후에도 잘 살아가기 위해서는 '잘'에 대한 분명한 목표와 계획이 있어야 합니다.

목표와 계획이 없다면 그저 시간이 가는 대로 자신의 남은 시간과 인생을 흘려보내게 됩니다. 하지만 목표를 세우고 계획을 잡는다면 한 번에 이루어지지 않을 수는 있겠지만 그 방향으로 조금씩 조금씩 이동하게 됩니다.

살아왔던 과거를 바꿀 수는 없겠지만, 오늘을 어떻게 살고 내일을 어떻게 계획해서 실천하는지에 따라 미래는 우리가 원하는 모습으로 만들어갈 수 있습니다.

저희 가족은 매년 연말이 되면 새해에 이루고 싶은 일들과 계획들을 적어서 봉투에 넣고 각자의 도장을 찍어 동봉합니다. 그리고 다음 해 연말이 되면 작년에 동봉했던 봉투를 열어 자신의 계획과 목표를 얼마나 이루었는지를 확인하고, 각자 1년 동안 고생했던 일들, 고마웠던 일들, 이루었던 일들을 함께 나누고 축하하고 위로하는 연례행사를 가집니다. 처음에는 아내와 함께 유언장이라는 이름으로 시작했지만, 지금은 유언장이라기보다는 새해 1년의 계획과 함께 중장기 미래 계획을 잡아 하나하나 실천해가는 나 자신과의 약속이 되었습니다. 물론 가족들은 자신과의 약속에 대해 서로의 증인이 되어줍니다.

　이루고자 하는 꿈과 목표를 설계하고, 계획을 잡고, 미래 모습을 상상하면서 실천해가다 보면 자신도 모르게 조금씩 조금씩 자신이 상상했던 미래를 현실로 만들어갈 수 있습니다. 그리고 그런 과정에서 작은 성취를 이룰 때마다 자신에게 보상을 해주는 것도 지치지 않고 꾸준히 꿈을 실현해가는 데 도움이 됩니다.

2 ——→ 워크홀릭과 40대 중반에 찾아온 번아웃

　저는 일을 무척이나 사랑했고, 일을 하면서 많은 보람을 느꼈기 때문에 일에 있어서는 나름 잘해왔고 인정을 받아왔습니다.

　일에 대한 책임감이 강했고, 새로운 업무에도 도전적이고 열정적이었으며, 누구보다 일에 대한 자부심도 컸습니다. 그런데 40대 중반까지 일에 너무 빠져 있었고, 과중한 업무 스트레스로 인해 몸이 많이 상하면서 번아웃까지 찾아왔습니다. 당시 몇 차례 응급실에 실려 갔었고 휴직을 고민할 정도로까지 심각했는데 지금도 그때를 생각하면 아찔한 생각이 들곤 합니다.

　돌이켜보면 당시 제 자신을 너무도 혹사시켰고 매몰차게 몰아붙이며 살아왔다는 것을 깨달을 수 있었습니다.

　정말 오랜만에 거울 속에 비친 내 모습을, 내 눈동자를 바라보는데 저도 모르게 "미안해"라는 말이 나왔습니다. 거울에 비친 내 모습은 너무도 초췌하고, 슬프고, 지친 모습이었습니다.

　저는 저도 모르게 자신에게 "내가 잘못했어. 힘들었지만 잘 버텨줘서 너무 고마워. 앞으로는 내가 더 많이 아끼고 조심할게" 등 자신에게 끝없는 미안함과 위로와 반성과 다짐을 했습니다.

　기쁨이나 즐거움뿐만 아니라 걱정이나 긴장, 불안과 같은 감정들 역시 우리가 살아가면서 꼭 필요한, 없어서는 안 되는 소중한 감정들입니다. 이런 감정들은 나에게 뭔가 문제가 있으니 원인을 찾아서 해결하라는 경고를 보내주는 신호들입니다. 저는 당시 일에 심하게 매몰되어 있었기 때문에 그런 신호를 너무 늦게 감지했고 그로 인해 꽤나 오랜 시간 많은 고생을 했습니다. 물론 특별한 사건이나 이벤트로 인해 간헐적으로 발생하는 경우라면 가볍게 넘겨도 되겠지만, 그런 감정들이 이유 없이 지속되고 스스로 통제하기 어렵다면 그 원인을 꼭 찾아내어 해결책을 찾는 것이 필요합니다.

그 당시의 경험은 저에게 정말 힘든 시간이었지만 다른 한편으로는 모든 걸 내려놓고 저를 돌아볼 수 있었던, 너무도 소중한 경험이었습니다. 그때 이후로 주변의 소중한 것들과 삶의 의미를 끝없이 고민하면서 오히려 삶의 여유를 찾을 수 있었고 건강도 이전보다 훨씬 좋아졌습니다.

칭찬은 고래도 춤추게 하듯이 사람도 누구나 칭찬과 따뜻한 격려를 필요로 합니다. 하지만 저는 제 자신을 칭찬하고 격려하고 위로하는 데에 너무도 인색했습니다.

지금도 저는 거울 속의 제 자신과 가끔씩 대화를 주고받곤 합니다. 이전보다는 훨씬 건강해지고 밝아진 자신을 보면서 앞으로도 항상 건강하게 살고, 주변도 더 많이 돌이보면서 살자고 이야기하곤 합니다.

자신과의 대화는 행복하고 긍정적인 마음이 더욱 강해지게 하고, 아쉽거나 부족한 것에 대해서는 스스로 극복해 낼 수 있는 용기를 주게 됩니다.

누구도 완벽한 사람은 없습니다. 다른 사람뿐 아니라 자신에게도 조금은 더 따뜻하고 행복한 말을 건네보셨으면 합니다. 아마도 스스로에게 따뜻하고 감사한 마음이 들 것입니다.

자신을 돌볼 줄 알고, 사랑할 줄 알고, 스스로에게 감사함과 소중함을 느낄 수 있을 때, 그때야 비로소 주변도 둘러보고 돌볼 수 있는 여유가 생깁니다. 자신에 대한 여유가 없을 때는 내 일만 중요하고, 내가 항상 먼저여야 하고, 주변 사람들의 다름을 이해하거나 받아들이는 것이 어렵고 짜증이 먼저 나게 됩니다.

3 ——⟶　　　　놓치고 살아왔던 중요한 것들

　일에 매몰되어 매번 급한 일에 쫓기듯 살아왔던 인생이었습니다. 회사 일들이 늘 그렇듯 상당히 많은 사람들의 이해관계가 얽혀 있다 보니 어느 것 하나 급하지 않고 중요하지 않은 일이 없습니다. 항상 주변 사람들을 의식하고 남에게 피해 주는 것을 극도로 싫어하는 저와 같은 성격의 사람들은 더더욱 본인의 일에 대해 과다할 정도로 신경을 쓰고 집중하게 됩니다.

　모든 일들이 긴급하고 중요하게 여겨지고, 마치 내가 없으면 큰일이 날 것 같은 착각 속에 살아갑니다. 그러다 보니 주말이나 휴일, 휴가 때나 가족들과의 여행에서도 폰을 항상 손에서 놓지 못하고, 수시로 메일을 확인하고 업무 요청에 바로바로 답하는 생활이 일상이었습니다.

　회사 밖에서도 수많은 협력사와 비즈니스 전략을 고민해서 사업을 준비하고 제안을 진행해야 합니다. 사업 수주에 성공했을 때, 혹은 실패했을 때 고생한 분들과 함께 축하하거나 위로하는 시간들도 너무나 중요한 일들이기에 수많은 저녁 약속과 술자리에 항상 참석해야 했습니다.

　그런 일들이 중요하지 않다는 것은 아닙니다. 중요함의 기준이 제 자신이 아닌 회사의 기준이고 제가 회사에 있는 동안은 저한테도 중요한 일이 분명 맞습니다.

　많은 직장인들이 본인이 없으면 회사에 큰일이 날 것으로 착각하며 살아갑니다. 물론 그게 마냥 나쁜 것만은 아닙니다. 그럼으로써 조직 내에서 본인의 자존감을 높일 수 있고, 회사생활에서의 소속감도 가질 수 있기 때문에 긍정적인 부분도 분명 큽니다.

하지만 회사에서 능력자로 불리던 탑 탤런트들의 이직이나 퇴사 이후 주변의 반응들은 하나같이 똑같습니다. 나가는 이유에 따라 조금씩 다르겠지만 "내가 없으면 우리 팀, 우리 회사가 제대로 돌아갈까? 내가 없으면 비즈니스가 망가질 텐데?"라는 걱정으로 떠나는 경우나, "내가 얼마나 중요한 일을 해왔고 얼마나 많은 공헌을 해왔는데 나를 몰라주다니, 과연 나 없이 이 회사가 잘 돌아가나 어디 두고 보자"라는 배신감이나 적개심으로 떠나는 경우나, 모두 마찬가지로 나 없으면 회사가 과연 잘될까 하는 의심과 걱정과 고민을 안고 회사를 떠나게 됩니다.

하지만 회사는 아무런 문제 없이 너무도 잘 돌아가게 됩니다. 물론 초기에는 조직의 조그만 톱니바퀴 하나가 바뀌게 되면서 아주 잠깐 동안 삐걱거릴 수는 있지만, 얼마 지나지 않아 회사라는 큰 기계는 아무런 문제도 없이 너무도 잘 돌아가게 됩니다. 그것이 회사라는 거대한 조직입니다.

저 역시 지금의 회사를 만나기 전에 여러 회사에 이직을 하면서 똑같은 생각을 했습니다. 이전 회사의 동료들에게 먼저 나와서 미안하다고, 회사 문제없냐고 물으면 아무런 문제 없이 너무도 잘 돌아간다는 답변을 받았습니다. 그런 대답을 들으면 서운한 마음도 들고, 회사에서 나라는 존재의 가치가 얼마나 작은지도 실감할 수 있었습니다.

지금 다니고 있는 회사는 업무의 전문성이 높고, 서로 인정해주고 존중해주는 회사 문화와 주변 동료들이 너무 좋아 즐겁게 일하면서 다니고 있고, 그게 좋아서 일에 더 집중하고 몰두하면서 일을 즐겼던 것 같습니다.

그런 만족감으로 회사를 다니고 있고 아직까지 만족하고는 있지만, 개인이라는 존재는 회사에서 하나의 부속품에 지나지 않는다는 것은 모든 조직의 불변의 진리일 것입니다.

하지만 회사가 아닌 나한테, 온전히 자신에게 정말 중요한 것은 무엇인지에 대해 깊이 고민했던 적은 별로 없었습니다. 제가 회사와 일에 온전히 집중하는 것이 가족을 위한 것이라는 스스로의 위안으로 저도 모르는 사이에 워크홀릭이 되어 있었고, 아내와 가족들이 그런 제 모습을 이해해주고 있을 것이라는 착각을 너무도 당연하게 생각했던 것입니다.

순간순간 정말 중요하고 소중했던 일들이 과연 무엇이었는지를 다시 돌이켜보면 후회와 반성이 많이 되곤 합니다. 급하다고 생각했던 일들로 인해 나에게 정말 소중한 사람들과 중요했던 일들을 오히려 소홀히 하고 지내왔던 것 같아 가족들에게 미안한 마음이 큽니다.

4 ──────▶ 조직에서 원하는 미래 인재상의 변화

거창하게 4차 산업혁명이나 디지털 혁신이라고 이야기하지 않더라도 우리의 일상은 이미 디지털 세상으로 바뀌었고, 주변에서는 우리도 모르는 사이에 인공지능과 머신러닝이 우리의 생활을 돕고 있습니다. 여기에 메타버스까지 가미되면서 세상은 너무도 빠르게 변하고 있습니다. 이런 일상의 큰 변화는 기업 입장에서는 엄청난 위기이자 기회이다 보니 기업의 경영 방식과 조직에도 변화를 꾀할 수밖에 없습니다.

과거처럼 정년이 보장되는 평생직장이라는 말은 이미 사라진 지 오래입니다. 그나마 공무원은 정년과 연금이 보장되지만 최근 MZ 세대들은 힘들게 공부해서 공무원 시험에 합격하고도 자신의 성장 가능성이 보이지 않거나 변화에 둔감한 조직문화에 실망한 나머지 공무원 입사 후 3년 내외에 퇴사하는 비율이 30%를 넘고 1년 미만 퇴사자도 26%에 달한다고 합니다.

누가 들으면 배부른 소리라고 하겠지만, 지금의 시대는 나이와 경력을 떠나 모든 조직이 변화를 시도하고 있고, 변화를 받아들이지 않고 버티는 것은 시간이 지날수록 자신에게 더 큰 무게로 돌아오게 됩니다.

2,000년 전의 『장자』에 나오는 아래의 이야기처럼 변화를 받아들이고 수용하지 않으면 결국 자신이 부러지게 되고 마는 것입니다.

"눈 내리는 추운 겨울날 아침, 숲을 거닐고 있던 노자는 주위에서 요란한 소리를 듣고 화들짝 놀라게 됩니다. 어떤 연유인고 하여 올려다

보았더니 굵고 튼튼한 가지들 위에 눈이 수북이 쌓여 있었습니다. 이 가지들은 처음에는 점차 무거워지는 눈의 무게를 구부러짐 없이 지탱하고 있었지만 마침내는 그 무게를 감당하지 못하고 요란한 소리를 내며 부러져버립니다. 반면에 이보다 가늘고 작은 가지들은 눈이 쌓임에 따라 자연스레 휘어져 눈을 아래로 떨어뜨린 후에 다시 원래대로 튀어 올라 본모습을 유지하는 것이었습니다."

재벌그룹을 포함한 많은 기업들이 젊은 경영진으로의 세대교체를 서두르고 있습니다. 대기업을 중심으로 과거에는 50대 중반 이후에나 가능했을 법한, 기업의 별이라는 임원의 나이가 이제는 40대가 대세가 되고 있고, 심지어 30대 임원들도 솔찮게 나오고 있습니다. 여성 리더의 육성 역시 세계적인 트렌드입니다.

이렇듯 사회와 기업이 원하는 리더의 인재상이 변하고 있고, 그런 변화에 준비가 되어 있지 않거나 변화를 받아들이지 못하면 자신만 스트레스를 받고 오히려 도태되게 됩니다.

사람은 누구나 자신이 살아왔던 환경과 경험, 받아온 교육에 따라 세상을 바라보는 자신만의 눈을 가지게 됩니다. 그리고 그 기준에서 자신과 다르거나 자신의 기준에 없는 새로운 생각이나 의견은 거부하려는 인간 본성을 가지고 있습니다. 누구라도 본인이 알고 있는 정보와 지식과 경험의 범위 내에서 익숙하고 안전하다고 판단되는 범위의 사고를 하려고 합니다. 자신에게 익숙지 않은 새로운 의견이나 생각은 거부하려고 하는 것이 인지상정입니다.

반면에 오픈 마인드를 가진 사람들은 다른 사람들의 이야기를 잘 들어주고 의견도 잘 받아들입니다. 하지만 그런 사람들도 처음부터 그랬다기보다는 자신에 대한 집착을 벗어던지고 다른 사람의 의견을 진심으로 들으면서, 그 과정에서 새로운 배움을 얻거나 자신의 생각을 더욱 발전시키는 좋은 경험들을 반복했을 가능성이 높습니다. 그런 경험을 통해 변화와 새로운 도전을 거부하기보다는 받아들이고 준비하는 것이 자신의 성장과 발전에 훨씬 더 큰 도움이 된다는 것을 인식하면서 조금씩 더 열린 마음을 키워가는 것이 아닌가 싶습니다.

그러기 위해서는 다른 사람에게 조금 더 너그러워지고, 다른 사람들의 말과 생각을 이해하려고 노력하는 연습이 필요합니다. 그리고 내가 상대방을 진심으로 대할 때 다른 사람들 역시 나에게 관대해지고 나를 존중으로 대해주게 됩니다.

사람이 나이가 들어가면서 지식뿐 아니라 지혜를 쌓아갈 수 있는 것은, 독선을 버리고 주변 사람들의 다양한 의견이 틀린 것이 아니라 나와는 다른 것임을 이해하고 받아주는 것이 가능하기 때문입니다.

쉽지는 않지만, 다른 사람과 언쟁하고 경쟁하기보다는 우리가 만나는 사람들이 가진 그들만의 고유함과 특별함을 인정하고 존중해줄 때 서로가 같이 성장하고 발전할 수 있게 됩니다.

CHAPTER 2

행복한 은퇴를
위한 준비

1 ⟶ 제대로 된 은퇴 준비가 필요한 까닭

바쁜 회사 일에 아이들과 가족들까지 챙기면서 하루하루의 일상을 바쁘고 숨 가쁘게 살아오다 보면 어느새 중년을 바라보게 됩니다.

나이가 들어가면서 은퇴에 대한 막연한 걱정과 불안은 조금씩 커져 가지만, 마땅한 준비나 계획 없이 누구나 다 똑같다고 스스로 위로하며 또 하루, 또 한 해를 지내다 보면 은퇴에 대한 준비는 더 어려워지고 걱정은 커져만 가게 됩니다.

당장 회사를 그만두거나 업무에 지장을 주면 안 되겠지만, 조금이라도 일찍 은퇴에 대한 고민과 준비를 시작하는 것이 좋습니다.

특히 최근 대부분의 기업에서 젊은 인재로의 세대교체가 빠르게 진행되면서, 예기치 못한 상태에서 생각보다 빨리 명예퇴직이나 조기퇴직에 대한 통보를 받는 경우도 자주 있습니다. 물론 은퇴는 언젠가는 받아들여야 하는 숙명이지만, 미리 고민해서 계획을 세워 준비하지 않는다면 은퇴 후에도 또다시 아무런 방향이나 목적 없이 직장을 찾아 헤맬 가능성이 높습니다.

자신의 삶의 가치와 기준을 언제까지 회사와 일에 둘 것인지에 대해 은퇴 전에 미리 결정해두어야 합니다. 그 판단의 기준은 경제적인 준비 상태나 삶의 목표, 자신의 삶에 있어서 현재의 일을 통해 얻을 수 있는 자존감이나 정체성의 크기와 중요도 등에 따라 개인마다 다를 것입니다.

중요한 것은 결국 한번은 선택하고 반드시 받아들여야 하는 숙명인데, 너무 빠르면 은퇴 후가 불안할 수 있고, 너무 늦으면 인생 후반전인 자신의 삶을 준비하는 것이 너무 늦어지거나 시간과 에너지가 부족해질 수 있습니다.

노년들을 대상으로 인생에서 가장 후회되는 일을 조사해 보면 의외로 많은 분들이 (회사를 위해) 너무 오랫동안, 너무 열심히 일만 하며 살았던 것이라고 대답합니다. 은퇴에 대한 준비와 계획이 얼마나 깊이 있게 잘 정리되어 있는지에 따라 은퇴에 대한 막연했던 불안과 걱정이 서글픈 현실로 바뀔 수도, 아니면 기대와 희망이 되어 회사가 아닌 자신의 꿈을 실현할 수 있는 제2의 인생이 될 수도 있을 것입니다.

젊은 시절에는 삶의 어려움이나 위기를 극복하고도 남을 만큼의 열정과 자신감과 에너지가 충만했지만, 중년으로 갈수록 변화에 대한 두려움과 미래에 대한 걱정은 커져만 갑니다. 그럴수록 나를 돌아볼 수 있는 시간이 필요한데 막상 대부분 중년의 삶은 자신보다는 회사와 일과 가족과 주변 사람들이 우선입니다.

현재의 자신을 이해하고 아는 만큼 미래의 걱정과 불안의 원인을 찾아내고 암흑에서 탈출할 수 있는 해답을 만들어 밝은 세상으로 나갈 수 있습니다.

2 ——————→ 경제적 준비

　20대에서 30대까지는 은퇴에 대한 고민보다는 자신에 대한 투자로 본인의 몸값을 올림으로써 최고의 투자 수익률을 보장받을 수 있습니다. 저 역시 20대나 30대에는 정말 열심히 일했고 업무 관련 전문성을 쌓기 위해 자신에게 많은 투자를 했습니다. 젊었을 때는 자신에 대한 투자가 가장 확실하면서도 가장 높은 수익률을 보장하고, 가장 오래 지속될 수 있는 최선의 투자라는 생각에는 지금도 변함이 없습니다. 워렌 버핏 역시 우리의 가장 큰 자산은 우리 자신이며 최고의 투자는 스스로에게 투자하는 것이라고 말했습니다.

　그리고 20대나 30대는 인생의 꽃과도 같은 시기이기 때문에 친구나 연인과 충분히 어울리고 좋아하는 취미도 마음껏 즐길 수 있어야 합니다. 그 역시 자신에 대한 투자라고 생각됩니다.

　물론 최근 심해지는 빈부 격차와 부동산 등 자산의 급격한 가치 상승으로 인해 젊은 세대들이 엄청난 상대적 박탈감에 힘들어하고 있지만, 사실 금수저로 태어나지 않은 이상 모든 시대, 모든 나라의 젊은 세대들은 비슷한 경험을 해왔습니다. 꼰대 같은 소리라고 하겠지만 우리의 부모님 세대도 그러했고, 저의 세대 또한 그러했으며, 지금의 젊은 세대 역시 마찬가지입니다.

　예를 들어, 어느 세대에서도 집을 쉽게 살 수 있는 시대는 없었습니다. 일흔이나 여든의 어르신들은 평생 아끼고 모아서 노년에 살아갈 집 한 채 남기시는 게 꿈이셨고, 지금의 40대나 50대 세대 또한 자가를 마련하는 것이 가장 힘든 과제였습니다. 그리고 아직까지 자가가 없는 사람들이 여전히 훨씬 더 많습니다.

금수저로 태어나지 않았다면, 20대, 30대에 자신에 대해 정말 열심히 투자해서 본인의 몸값을 충분히 올려 최대한 많은 종잣돈을 가능한 한 빨리 마련해야 하고, 그걸 굴려서 40대에는 자산을 불리는 것이 가장 이상적인 시나리오입니다.

물론 지금 젊은 세대는 자신의 직업에서 몸값을 올리는 것뿐만 아니라, 종잣돈이 모이기 전에라도 대출과 같은 레버리지를 충분히 활용한다거나 리스크는 높지만 높은 수익을 기대할 수 있는 투자상품에 과감히 뛰어드는 것이 기존 기성세대와는 조금은 다른 모습이긴 합니다.

그만큼 경제적 독립에 대한 갈망이 높고, 궁극적으로는 조금이라도 빨리 회사에 얽매이지 않고 자신이 정말 하고 싶은 일을 즐기면서 살아갈 수 있기를 간절히 바라기 때문일 것입니다.

그리고 싱글일 때는 자신에 대한 투자와 자산에 대한 재테크를 동시에 하기에는 시간도 에너지도 많이 부족할 수 있습니다. 하지만 결혼을 하게 되면 부부가 함께 할 수 있기 때문에 종잣돈을 모으는 속도도 훨씬 빨라지게 되고, 경우에 따라서는 두 명이 역할을 나누어 경제적 독립을 준비할 수 있게 됩니다. 즉, 한 명은 안정적인 수입 모델을 만들어 생활의 안정을 추구하면서, 그 사이 다른 한 명은 리스크는 있지만 종잣돈을 굴려 자산을 빠르게 늘릴 수 있도록 재테크에 집중하는 것입니다. 물론 두 명이 충분히 고민해서 방향과 목표를 정하고 같은 방향으로 배를 잘 저어가야 합니다.

경제적 독립은 단시간에 이루어지지 않기 때문에, 중간에 계획했던 방향이 조금씩 틀어질 수도 있고 생각만큼 속도가 안 붙을 수도 있습니다. 그럴 때일수록 서로 충돌하지 않고 멀리 보면서, 오히려 서로 다독이고 격려해주면서 같은 목표를 향해 한 방향으로 나아갈 수 있어야 합니다. 과거처럼 남자는 회사에서 월급 받아오고, 여자는 아이 키우면서 집안일 하는 시대의 사고로는 경제적인 독립이나 자유를 결코 이루어낼 수 없습니다. 미래에 같이 행복하고 여유로운 날을 준비하면서 삶의 동반자로 서로 믿고 같이 고민하고 발전된 삶을 만들어가야 합니다.

노인들 중에도 금수저로 태어나거나 소위 땅 부자로 갑자기 자산 가치가 높아져 부유하고 여유로운 생활을 즐기시는 분들이 계시지만, 많은 한국의 노인들은 경제적인 부담과 생활의 어려움을 안고 힘들게 살아가고 있습니다.

대부분의 노인분들이 젊어서 그러셨겠지만 저희 어머님과 아버님 역시 흙수저로 태어나셨고, 성인이 되신 이후로는 당신 부모님의 아무런 도움 없이 스스로 독립을 하시고 모든 생계를 직접 꾸려오셨습니다.

두 분이 결혼 생활을 시작하시고, 어머님은 얼마 안 되는 아버님의 월급을 아끼고 또 아껴서 차곡차곡 모아 방 두 칸짜리 18평 조그만 다가구 주택을 마련하신 후 최근까지도 그 조그만 집에서 거의 평생을 사셨습니다.

집을 마련하신 이후로는 모으시는 돈을 모두 적금에 넣으셨는데, 당시 은행 이자율이 10%대 중반이었기 때문에 1억만 모으면 당시 아버님 월급만큼의 이자가 매달 꼬박꼬박 나올 것으로 미래 계획을 세우셨다고 합니다. 하지만 돈의 가치는 점점 떨어지고 집값은 자꾸 오르다 보니 가끔씩 그때 집이라도 큰 집으로 옮겨둘 걸 그랬다고 아쉬워하시곤 합니다.

한번은 아버님이 친하게 지내시는 친구분 중에 상당한 자산을 보유하고 계신 분이 계셔서 그분의 이야기를 들은 적이 있습니다. 그분은 아버님보다 가정 형편이 훨씬 더 어려우셔서 초등학교(당시 국민학교)를 겨우 졸업하시고, 어릴 때부터 동네 시장에서 잔심부름과 나이트의 전단지를 나눠주면서 근근이 생활하셨다고 합니다.

하지만 시장에서 상인들이 열심히 돈을 모아 자신의 상가를 준비하거나, 상가 임대로 부가적인 수입을 만들어내는 것을 보시고 얼마 안 되는 수입에도 열심히 돈을 모아 조그만 상가를 사셨다고 합니다. 그렇게 힘들게 마련한 상가의 가격이 오르면 그걸 팔아서 다른 상가로 사고팔기를 하시면서, 주변 사람들을 보면서 부산 근교의 땅도 사두셨다고 합니다.

그렇게 사둔 땅이 신도시가 들어서면서 엄청난 가치의 자산으로 바뀌고, 그렇게 보상받은 돈으로 또 다른 땅과 건물을 사면서 자산을 계속해서 늘려가는 방식으로 엄청난 부를 이루셨다고 합니다.

그분은 엄청난 자산을 가지셨지만 지금도 5,000원짜리 국밥을 드시고, 식당에서 드시고 남는 밑반찬은 가지고 다니시는 반찬통에 담아가서 집에서 식사하실 때 다시 꺼내 드신다고 합니다. 그게 잘못되었다는 것은 아니지만, 한번 살다 가는 인생을 온전히 즐기고 음미하는 것도 필요합니다. 그러기 위해서는 내가 나를 온전히 이해하고 내 인생의 계획을 가지고 있어야 합니다.

베이비부머 세대의 많은 어르신들은 배불리 먹을 수 있는 따뜻한 밥과, 온 가족이 함께 지낼 수 있는 집과, 자식들 공부시킬 여유만 있다면 그것 자체가 인생의 목표이고 행복인 분들이 많았습니다.

대한민국은 1988년 서울올림픽 이후 사회적, 경제적으로 엄청난 발전을 이루어왔고, 중년을 포함한 지금의 세대는 전쟁 이후 끼니를 걱정하던 베이비부머 세대와는 전혀 다른 생활 환경과 훨씬 높은 삶의 기준과 가치를 가지고 살아갑니다.

이렇듯 시대와 환경은 많이 달라졌지만, 재테크나 경제적 자유와 독립에 대한 만족도나 성취도는 그렇게 높지는 않습니다.

물론 지금의 사람들이 이전보다는 재테크를 중요하게 생각하고 훨씬 많은 관심을 가지고 있긴 하지만 여전히 구체적인 계획이나 공부 없이 막연하게 걱정만 하고 있는 사람들이 훨씬 많습니다. 특히 한국은 OECD 국가 중에 가장 빠르게 고령화가 진행되고 있고, 노인 빈곤율 역시 OECD에서 가장 높게 나타나고 있습니다.

OECD에서 발표한 2020년 국가별 노인 빈곤율 현황을 살펴보면 한국의 노인 빈곤율은 약 40%로, OECD 국가 중 단연 1위이고 OECD 평균인 13.5%의 3배에 이릅니다. 조사 결과를 보면 은퇴 이전 나이의 빈곤율은 11.8%로 다른 OECD 국가들과 거의 비슷한 수준입니다.

하지만 다른 OECD 국가들과 확연히 다른 점은, 다른 나라는 은퇴 이후에도 노인 빈곤율이 10% 초반대를 유지하는 반면 한국은 은퇴 이후 나이의 노인 빈곤율이 40%로 치솟는다는 것입니다. 노인복지에 대한 정책적인 지원 부족도 원인이겠지만, 가장 큰 이유는 개인의 미흡한 노후 준비 때문일 것입니다.

실제로 우리나라 은퇴 연령층을 대상으로 조사한 결과를 보면 10명

중 7명이 노후에 대해 전혀 준비하고 있지 않다고 합니다.

은퇴 전까지는 많은 사람들이 안정적인 소득에 기반해서 중산층으로 살아갑니다. 하지만 은퇴 이후에는 자가를 제외하고는 노후에 대한 충분한 준비가 이루어져 있지 않고 고용 안정성 역시 급격히 떨어지기 때문에 소득 수준이 현저히 낮아지면서 순식간에 빈곤층이나 경제적 취약 계층으로 전락하는 경우가 태반입니다.

젊었을 때는 자영업이나 개인 사업을 시작하다 실패하더라도 금방 다시 회복할 수 있는 에너지가 있고 재취업을 할 수 있는 기회도 많습니다. 하지만 중년 이후에는 준비되지 않은 상태에서 자영업이나 투자를 포함한 개인 사업을 하다 실패하게 된다면 자신뿐만 아니라 가족들에게도 경제적인 충격이 엄청나고 다시 재기하기도 어렵습니다.

이렇듯 노인의 경우 경제적인 능력이 급격히 약해지고, 특히 최근 급격한 물가상승과 자산 가격의 상승으로 인해 충분한 경제적 준비 없는 은퇴는 불행한 노후의 지름길이 됩니다.

은퇴와 함께 노동소득은 사라지게 되기 때문에, 그동안 모아온 자산으로 새로운 삶을 시작하고 미래를 꾸려나갈 수 있어야 합니다.

하지만 자산이 웬만큼 많지 않고서는 은퇴 후 자산만으로 살아가기에는 한계가 있습니다. 그렇다고 소비를 마냥 줄일 수만도 없는 노릇입니다. 은퇴에 대한 충분한 고민과 준비를 하지 못한 많은 사람들은 은퇴 이전에 노동소득으로 생활하던 삶이 은퇴 후에도 지속될 수 있을 것으로 착각하는 경우가 많습니다. 젊었을 때는 퇴직 후 계획했던 일이 잘 안되면 다시 일자리를 알아보면 되겠지만, 은퇴를 고민하고 결정하는 연령대에서는 재취업 역시 만만치 않습니다.

특히 은퇴 후에는 기본적인 생활비나 건강보험료, 의료비 외에도 자녀 양육이나 갑작스러운 사고 등으로 목돈이 필요한 경우도 대비할 수 있어야 합니다. 중학생이나 고등학생 자녀를 둔 경우는 사교육비를, 대학생 자녀를 둔 경우는 대학교 등록금을, 성인 자녀를 두고 있는 경우는 자녀의 결혼자금을, 경우에 따라서는 부모님의 병원비까지 같이 고민해야 합니다.

그렇다 보니 은퇴를 실행하기 전에 지금 회사에서 매달 꼬박꼬박 들어오는 고정된 급여와는 별개로 은퇴 후에도 고정된 소득을 만들어낼 수 있도록 수익 구조의 다변화를 반드시 준비해두어야 합니다. 한번에 충분한 수익을 만드는 것은 쉽지 않기 때문에 목표하는 금액을 정하고 충분한 시간을 두고 준비해야 합니다.

지역이나 나이, 가족(특히 자녀)의 상황, 현재의 소비 패턴, 목표하는 경제적 독립 수준 등에 따라 필요한 자산 규모나 고정 소득 규모는 다를 수 있기 때문에 본인의 현재 생활과 가족이나 주변 여건을 충분히 고려해서 은퇴 후 필요한 자산과 희망하는 생활비나 고정 수익을 꼼꼼히 점검해서 정해야 합니다.

예를 들어, '은퇴 전에 현재 거주하는 집 외에 순자산 5억과 월 200만 원의 고정 소득 만들기' 등과 같이 각자 자신의 현재 상황을 충분히 반영해 목표를 정하고, 은퇴 전에 미리 이룰 수 있도록 계획을 잡고 실행으로 옮겨야 합니다. 목표한 바를 100% 이루지 못할 수도 있겠지만, 그래도 그런 계획이나 실행 없이 갑작스레 은퇴를 맞이하게 된다면 그때는 더욱 막막하고 힘든 시기를 겪게 됩니다.

그리고 고정 수익원을 찾기 위해서는 4장에서 나오는 은퇴 플래닝과 같은 프레임워크를 활용해서 이전 사회 경험이나 가지고 있는 재능, 재테크 경험이나 지식, 또는 주변 지인 등 다양한 변수들을 고려해서 자신에게 가장 적합한 수익 모델을 찾아내야 합니다. 조기 은퇴의 경우 노동을 통한 수익 모델도 가능하겠지만, 은퇴 후에는 간단하게는 부동산 월세 수익이나 주식 배당금 등과 같이 자본을 활용해 고정 수익을 만들어내거나 자신의 전문성이 담긴 콘텐츠로 고정 수익을 만들어낼 수 있게 셋팅하는 것이 가장 이상적인 모델일 것입니다. 최근에는 많은 자본금을 투자하지 않더라도 유튜브나 이모티콘, 웹툰 등과 같은 1인 콘텐츠 크리에이터도 좋은 사업 아이템이기 때문에 그쪽으로 재능이 있다면 자기가 좋아하는 일을 즐기면서 경쟁력 있는 수익 모델도 만들어낼 수 있습니다.

재테크나 자산의 증식을 눈뭉치에 자주 비유하곤 합니다. 눈뭉치로 굴릴 수 있는 종잣돈이 모이면 그걸 굴리면 굴릴수록 눈뭉치가 불어나는 속도는 엄청나게 빨라집니다. 그런데 굴릴 눈이 너무 적거나 눈을 굴리지 않고 손으로 뭉치기만 해서는 경제적인 독립까지 가기가 너무 멀고 어렵습니다. 종잣돈을 모으고, 그 종잣돈을 굴려 내가 원하는 크기로 불리고, 계속해서 굴러가게 할 수 있는 나만의 방법을 찾을 때 경제적인 독립이나 자유가 완성됩니다.

은퇴 후의 예산 플래닝 Tip 1

1. 자신(가족 포함)의 일상생활에 사용되는 모든 비용을 꼼꼼히 기록합니다.
2. 현재의 고정 수입인 월급 이외에 가능한 다른 수익원을 모두 정리합니다.
3. 추가로 집을 줄여서 만들어낼 수 있는 수익이나, 보험이나 연금 등도 함께 정리합니다.
4. 월급 이외에 은퇴 이후 가능한 소득과 현재 기준에서의 생활비 지출 사이의 차이를 계산합니다.
5. 월급이라는 고정 수입이 있기 때문에 대부분의 경우 둘 사이에 상당한 차이가 있을 것입니다. 이제 현재의 생활비에서 제거할 수 있는 소비를 모두 정리해봅니다.
6. 4번과 5번 과정을 반복하며 가능성이 있는 구간대의 옵션들을 우선순위로 정합니다. 그런 후 부족한 금액에 대해 은퇴 이후 추가 수입원을 만들 수 있는 가능한 노동소득이나 자본소득에 대해 고민해서 정리합니다.

배우자가 통장을 관리하고 있다면 부부가 함께 고민하고 정리해보는 것이 좋습니다. 은퇴는 자신뿐만 아니라 배우자에게도 당연히 너무도 중요한 문제이기 때문에 경제적인 준비나 시간 관리에 대해서는 반드시 같이 상의해서 고민하고 준비해야 합니다.

위의 과정을 통해 현재 자신의 재정 상태와 은퇴 이후 닥치게 될 경제적 위험을 미리 인식하고 준비함으로써 갑작스런 은퇴에도 그 충격을 최소화할 수 있습니다.

은퇴 후의 예산 플래닝 Tip 2

앞의 과정을 조금 더 체계적으로 관리할 수 있는 방법은 나만의 재무제표를 만들어 관리하는 것입니다.

재무제표에 대해 많은 분들이 들어보셨을 테고, 특히 경영학을 전공하셨거나 주식 투자를 하시는 분들에게는 상당히 익숙할 것입니다. 재무제표를 이해하면 그 회사의 현재 재무 상태를 정확히 판단할 수 있습니다. 물론 여기서 기업의 재무제표에 대해 이야기하려고 하는 것은 아닙니다. 기업이 아닌 개인의 재무제표를 만들어 관리하시면 자신의 현재 재무 상태를 이해하고, 경제적인 자유도나 경제적인 관점에서의 은퇴 준비 정도를 판단해보실 수 있습니다.

손익계산서와 재무상태표는 2대 재무제표로 불립니다. 손익계산서는 월이나 년과 같은 일정 기간 동안의 수입과 지출에 대한 항목들을 기록하는 표입니다. 반면에 재무상태표는 특정 시점에서의 자산 상태를 나타내는 표입니다.

저 역시 아내와 매년 12월 마지막 주에는 1년 동안의 손익계산서를 보면서 지난해 대비 수익과 지출이 어떠했는지 재무상태표를 보면서 우리의 자산 중 어떤 자산이 처분되었고 어떤 자산을 취득했는지, 기존 자산의 가치는 얼마나 늘고 줄었는지 등을 함께 보면서 1년의 재무성과를 정리합니다.

손익계산서를 통해 수익 안정성을 볼 수도 있지만, 특히 재무상태표는 자신의 자산이 늘었는지 줄었는지, 늘었다면 얼마나 증가했는지 등을 한눈에 알 수 있기 때문에 재무 건전성을 읽을 수 있는 정말 중요한 지표가 됩니다.

작성 주기는 개인마다 다를 수 있겠지만 모든 항목을 매일, 매주 기록할 필요는 없습니다. 일반적으로 손익계산서는 급여일이나 월말 기준으로 한 달에 한 번 정도 하고, 재무상태표는 주식 비중이 큰 경우 월에 한 번, 부동산 비중이 큰 경우는 분기나 반기에 한 번으로 충분합니다.

그리고 매년 12월 말이 되면 열심히 살아온 1년을 결산해보면서 한 해 동안의 수익과 지출, 자산 현황을 확인해 보면 됩니다.

공시 목적이나 내부 관리 목적으로 작성하는 기업의 재무제표처럼 복잡하게 작성할 필요 없이, 자신과 배우자가 이해할 수 있는 수준으로 간단하게 작성하면 됩니다. 중요한 것은 가계의 수익과 자산의 흐름을 읽을 수 있도록 매년 꾸준히 작성하면서 월별, 연별 손익계산서와 재무상태표의 요약 정보도 같이 관리하는 것입니다. 그렇게 해야 자신의 수익 구조와 자산 구조의 건전성과 증감의 흐름을 한눈에 파악할 수 있습니다.

아래의 표는 간단히 현재 자신의 재무 상태를 확인해보기 위해 활용할 수 있는 손익계산서와 재무상태표의 예시입니다. 아래 표를 참조해서 작성을 시작하고 내용을 채워가다 보면 각자 중요한 항목들과 관리하고 싶은 항목들이 추가되고 적당한 작성 주기도 찾게 되면서 나만의 손익계산서와 재무상태표가 만들어질 것입니다. 노트나 수기보다는 구글 독스나 마이크로소프트 엑셀과 같은 소프트웨어를 활용하시면 더욱 편하게 관리하실 수 있습니다.

구분		종류	금액
수입	근로소득	급여	4,500,000
		보너스 등 기타	1,500,000
	자산소득	오피스텔 월세	500,000
	수입 소계		**6,500,000**
지출	고정 경비	월 생활비	3,500,000
		아이 교육비	500,000
	금융 비용	보험	200,000
		개인연금	200,000
		대출이자	1,000,000
	지출 소계		**5,400,000**
손익 소계			**1,100,000**

현재 손익계산서 예시

	구분	종류	만기일	금액
총자산	저축	청약저축	-	5,000,000
		A은행 예금	2022년 6월 30일	30,000,000
		비과세 저축	2022년 6월 30일	50,000,000
		입출금통장	-	15,000,000
	저축 소계			**100,000,000**
	구분	종류	평가일	평가금액
	주식	직접투자	2022년 3월 31일	50,000,000
		간접투자	2022년 3월 31일	10,000,000
	주식 소계			60,000,000
	구분	종류	평가일	평가금액
	부동산	A 아파트(자가)	2022년 3월 31일	650,000,000
		B 오피스텔(투자)	2022년 3월 31일	120,000,000
	부동산 소계			**770,000,000**
	자산 총계			**930,000,000**
	구분	종류	만기일	금액
총부채	보증금	오피스텔 보증금	2023년 6월 30일	10,000,000
	신용대출	직장인 신용대출	2023년 6월 30일	50,000,000
	담보대출	아파트 주담대	2030년 6월 30일	150,000,000
	부채 총계			**210,000,000**
	순자산액			**720,000,000**

현재 재무상태표 예시

여기서 한 단계 더 나아가면 현재의 재무상태표로 지금의 자산을 평가한 후 지속적으로 관리하면서 아래와 같이 미래의 자산이 증가한 재무상태표를 만들 수 있을 것입니다. 아니면 목표하는 자산을 미리 계획해서 아래와 같은 미래 재무상태표를 만들어보실 수도 있습니다.

구분		종류	금액
총자산	저축	정기 예금	100,000,000
		IRP 연금	200,000,000
	저축 소계		300,000,000
	주식	투자용 계좌	200,000,000
		배당용 계좌	300,000,000
	주식 소계		**500,000,000**
	부동산	A 오피스텔	100,000,000
		B 상가	200,000,000
	부동산 소계		**300,000,000**
	자산 총계		**1,100,000,000**
총부채	담보대출	아파트 주담대	100,000,000
		오피스텔/상가 담보대출	100,000,000
	신용대출	직장인 신용대출	50,000,000
	부채 총계		**250,000,000**
	순자산액		**850,000,000**

목표 재무상태표 예시

위 목표 재무상태표의 각 자산과 부채 항목들은 다음과 같은 가정으로 산정된 것입니다.

구분	종류	항목별 가정
저축	정기예금	고령자의 경우 비과세 상품이 있으니 적극 활용하는 것이 좋습니다.
부동산	A 오피스텔	소형 원룸으로 500/50 월세로 가정
부동산	B 상가	10평 정도의 상가로 1000/80 월세로 가정
담보대출	아파트 주담대	살고 있는 집의 담보대출
담보대출	오피스텔/상가 담보대출	투자용 부동산 담보대출
신용대출	직장인 신용대출	은퇴 후 만기에 상환해야 할 수 있으니 유의해야 합니다.

목표 재무상태표가 만들어지면 그 기준에서 기존의 고정 근로소득이었던 급여가 사라질 경우에 대한 손익계산서를 시뮬레이션해볼 수 있습니다.

처음에는 자산 규모나 투자 수익이 적기 때문에 손익계산이 마이너스로 나오겠지만, 자산이 쌓이고 투자 수익이 늘어가면서 어느 순간 손익계산서의 손익이 플러스로 바뀌게 될 것입니다. 그 순간의 자산이 자신의 은퇴 가능한 경제 상태라고 생각하면 되겠습니다.

살고 있는 지역, 이이들이니 부모님을 포함한 가족 관계, 지출 항목, 자산 규모, 관심 재테크 영역과 목표 투자 수익률 등에 따라 항목과 금액은 달라지기 때문에 개인에 맞게 미래 목표하는 재무상태표와 손익계산서를 만들어가시면 됩니다.

구분		종류	금액
수입	근로소득	급여	0
		연금소득	1,000,000
	금융소득	이자소득	100,000
		투자소득	1,500,000
		배당소득	875,000
	임대소득	오피스텔/상가 월세	1,300,000
	수입 소계		**4,775,000**
지출	고정 경비	가정 생활비	2,500,000
		개인 용돈	500,000
		대출이자	1,000,000
	가변 경비	여행 경비	500,000
		골프 등 취미 활동	200,000
	지출 소계		**4,700,000**
	손익 소계		**75,000**

목표 손익계산서 예시

위 손익계산서는 앞에서 설명한 미래 재무상태표의 자산과 부채 항목들, 그리고 은퇴 후 추가 수입과 지출에 대한 다음의 가정으로 작성되었습니다.

종류	항목별 가정
수입	
급여	소액이라도 일자리가 있으면 좋습니다.
연금소득	직장생활 중에 납입한 국민연금이나 개인연금
이자소득	정기예금 1억에 대한 1% 이자소득(이자가 적더라도 은퇴 후 병원비나 급전이 필요한 경우 사용할 수 있는 예금은 필요합니다)
투자소득	투자용 계좌 3억의 연 8% 투자 수익 가정(목돈을 굴려 투자로 월평균 200만 원 정도의 수익을 낼 수 있도록 공부합니다)
배당소득	배당용 계좌 5억의 연 3% 배당수익 가정(3% 수익의 배당주는 쉽게 찾을 수 있습니다)
오피스텔/상가 월세	경기도에 위치한 오피스텔과 상가의 평균 월세 수익률은 4.5%로 가정
지출	
가정 생활비	경조사비 등 모두 포함하고, 은퇴 전 생활비의 70% 정도의 수준으로 가정
개인 용돈	친목 모임, 이발비 등 개인 순수 용돈
대출이자	대출이율 평균 5% 내외로 가정
여행 경비	월 1회 국내 여행 가정(1박 2일이나 근교 당일 코스 여행)
여행 경비	또는 여행 경비를 모아서 연 1회 해외여행
골프 등 취미 활동	월 1회 지인들과 취미 활동 가정
손익 소계	남는 돈은 1회성 지출용 통장으로 관리

3 ⟶ 꾸준한 자기계발

 많은 사람들이 은퇴 후에는 여유를 가지고 다른 사람들을 위한 봉사를 하고 후배나 후학을 양성하는 데 도움을 주고 싶다고 이야기합니다. 다른 사람을 위한 활동도 좋지만 그에 앞서 자신의 계발과 성장에도 꾸준히 노력하고 신경 써야 합니다.

 우리 주변에는 항상 새로운 것에 관심을 가지고 끊임없이 배움을 추구하는 사람들이 있습니다. 이런 사람들은 에너지가 넘치고 긍정적이며, 어떤 일에도 열정이 넘칩니다.

 젊었을 때는 연봉 인상이나 빠른 승진과 같이 자신의 목표를 위한 공부를 하기도 하지만, 그것 역시 본인에 대한 투자이고 자기계발 욕구의 실현입니다.

 배움에 대한 욕구나 열정은 일이 익숙해지고 경력이 쌓여가면서 점점 약해지게 되는데, 끝없이 배움을 추구하기 위해서는 자기가 좋아하는 것, 즐거워하는 것이 무엇인지를 이해하고 그걸 채우고자 하는 욕구가 기본이 되어야 합니다.

 현재 자신이 하고 있는 일에 대해 얼마나 재미있어하고 보람을 느끼고 있는지를 곰곰이 생각해보고, 만약에 그렇다면 현재 하고 있는 일에서 자기계발과 성취를 계속해서 만들어갈 수 있을 것입니다.

 하지만 지금 하는 일에 더 이상 열정이나 관심이 없이 회전목마와 같은 일상의 반복이라면 아마도 매너리즘에 빠져 있을 가능성이 높고,

그 일에서 새로운 배움을 추구하고자 하는 의지는 거의 없을 것입니다. 그런 경우는 본인을 다시 한번 돌아보고 내가 정말 하고 싶고 좋아하는 것이 무엇인지 찾아봐야 합니다.

은퇴를 고민할 정도의 나이가 되면 새로운 것을 배우기에는 너무 늦었다고 생각하면서 스스로 배움을 포기하는 경우가 많습니다.

체력적으로나 정신적으로 학습에 대한 능력이 떨어진다고 생각하거나 늦은 나이에 새로운 것을 배운다는 것에 큰 의미를 두지 않으려 하기 때문입니다. 일반적으로는 새로운 것을 받아들이지 않으려는 마음과 변화에 대한 부담 때문에 배움을 거부하게 됩니다.

새로운 배움에는 많은 시간과 노력이 필요하지만, 새로운 것을 배울 수 있는 것만큼 기쁘고 축복인 일은 없습니다. 지금까지 잘해왔던 업무로 독립을 하려고 하든, 새로운 창업 아이템으로 은퇴를 고민하든 자신이 정말 좋아하는 일을 찾아서 계속해서 배움을 이어가야 합니다. 그리고 그런 과정을 통해 의미 있는 시간들을 만들어갈 수 있어야 은퇴 이후의 생활 역시 행복해질 수 있습니다.

직장생활을 하면서 항상 학업에 대한 아쉬움을 가지고 있었는데, 미루고 미루다 늦은 나이에 공부를 더 해보기로 결심했습니다. 중년 직장인들은 대부분 일에 관련된 인적 네트워크를 만들기 위해 경영전문대학원(MBA) 과정으로 많이 진학을 합니다. 하지만 저는 무슨 배짱이었는지 젊은 친구들 위주이고, 수업 내용이나 과제도 많이 어렵고, 시간과 노력이 많이 들어가는 기술경영대학원으로 진학을 했습니다.

중년의 나이에 학교를 다시 가기 위해서는 가족들의 동의도 필요하고, 직장에서도 일에 지장이 없어야 하기 때문에 생각보다 많은 고민과 용기가 필요합니다. 사실은 그런 핑계들을 대면서 계속해서 미루어 왔는데, 더 이상 미루면 정말 못할 것 같다는 생각에 아내랑 상의한 후 40대 후반의 늦은 나이에 대학원에서 최신 기술과 경영에 대해 공부하게 되었습니다. 처음에는 제가 그렇게나 나이가 많다는 생각을 못하고 있었는데 신입생 오리엔테이션에서 제가 세 번째로 나이가 많다는 것을 알고 충격을 받았고, 저보다 10년에서 많게는 20년 이상 어리고 다양한 경험과 사고를 지닌 젊은 친구들과 함께 수업을 듣고 과제를 할 생각을 하니 사실 조금은 두렵기도 하고 민폐가 되지 않을까 조심스러웠습니다.

생활의 변화나 새로운 경험이 대부분 그러하듯이 대학원 생활도 처음 시작할 때는 힘들고 부담되었지만 일단 시작하고 나니 지금까지 회사에서는 경험하지 못했던, 놀랍고 새로운 일들의 연속이었습니다. 학업으로 인해 개인 시간이 많이 부족하고 육체적으로도 힘들긴 했지만 중년의 대학원 생활은 오히려 삶의 새로운 활력이 되어주었습니다. 젊은 친구들과 함께 이야기를 나누고, 늦은 시간까지 과제를 고민하면서 보고서를 작성하고, 뒤풀이나 식사 자리에서 서로의 경험과 고민에 대한 이야기를 나누는 것이 저한테는 또 다른 소중한 배움이 되면서 힐링의 시간들이었습니다. 그리고 그런 과정을 통해 이제껏 놓치고 살았던 삶의 추진력과 긍정적인 에너지, 즐겁고 신나는 기분을 다시 느낄 수 있었습니다.

2년간 열정과 에너지가 넘치는 훌륭한 젊은 인재들과 함께했던 수업과 토론, 과제들은 엄청나게 신선한 경험이었고, 조금은 나태해져 있었던 저에게 많은 반성과 배움의 기회였습니다.

20대 후반, 30대 초중반의 젊은 친구들과 같이 공부하고 프로젝트를 진행하고 그 친구들의 학업 능력과 엄청난 잠재력을 보면서, 이런 젊고 열정이 넘치는 친구들이 조금만 넓은 시야와 사회 경험을 쌓는다면 언제라도 선배로서의 자리와 위치는 넘겨주고 나는 또 다른 방식으로 조직이나 사회에 공헌할 수 있는 방법을 찾아야겠다는 생각을 많이 하곤 했습니다.

제가 직장생활을 시작하던 1990년대 후반에는 많은 선배들이 자신의 경험을 신성시하며 후배들의 의견을 함부로 무시하는, 소위 꼰대 같은 선배들이 정말 많았습니다. 그런 선배들을 보면서 나는 나중에 나이가 들어도 저런 초라하고 앞뒤가 꽉 막힌 답답한 모습은 보이지 말자고 다짐하곤 했습니다.

지금도 여전히 그때의 열정과 패기, 도전정신이 충만하다고 생각하며 지내왔는데, 가끔씩 내가 하고 있는 일이 제대로 가고 있는 건지, 나로 인해서 팀과 후배들이 자신의 생각과 의견을 마음껏 펼치지 못하는 것은 아닌지 하는 생각이 들곤 합니다. 어쩌면 저 역시도 나만의 착각으로 살면서 과거에 그렇게 욕하던, 꼰대 같은 중년 선배의 모습이 아닌지 걱정하곤 합니다.

그런 생각이 들수록 제 자신을 다시 돌이보며 후배들의 이야기를 듣고 이해하려 노력하고 있지만, 나이가 들수록 제가 바른길을 가고 있는지에 대한 확신이 약해지는 듯합니다.

저를 아는 사람들은 저에 대해 항상 자신감 넘치고 남을 배려할 정도의 마음의 여유와 업무의 전문성을 가지고 있다고 이야기하지만, 제가 자신을 바라볼 때면 너무도 불완전하고 불안한, 중년 꼰대의 모습이 보이곤 합니다.

그런 생각이 들수록 새로운 것을 공부하고 젊은 친구들과 더 많이 소통하고 그들로부터 배우려고 노력하고 있는데, 늦은 나이의 대학원 공부는 젊은 친구들과의 소통이 얼마나 중요한지를 다시 한번 뼈저리게 경험할 수 있게 해주었습니다.

젊음은 그 자체로도 엄청난 에너지를 가지고 있습니다. 나이가 들수록 젊은 친구들의 도전정신과 신선한 아이디어를 경청하면서 높이 평가해야 하고, 그들이 창의적인 아이디어를 실현할 수 있도록 돕는 것이 인생과 사회의 선배로서 할 수 있는 최선입니다. 그리고 궁극적으로는 그 결과가 자신의 성장과 행복으로 다시 돌아오게 됩니다.

탈무드에서 "인간이 하나의 입과 두 개의 귀를 가지고 있는 것은 말하는 것보다 두 배로 다른 사람의 이야기를 듣게 하기 위함"이라고 충고하고 있듯이 중년이 될수록 젊은 친구들과 더욱 많이 어울리고 자신의 말수는 줄이면서 더 많이 들을 수 있도록 노력해야 할 것입니다.

실화를 바탕으로 하고 있는 영화 '나 다니엘 블레이크'에서는 아날로그 시대를 열심히 살아왔던 주인공이 급격히 바뀌어버린 새로운 디지털 세상에서 겪는 고달픈 삶을 너무도 적나라하게 잘 표현하고 있습니다.

영화에서는 다니엘이 디지털 시대에 적응하지 못한 면보다는 관공서의 행정적인 관료주의와 현대 사회 사람들의 주변에 대한 무관심이 도움을 필요로 하는 사람들을 곤경에 처하게 하고, 결국 사지로 몰아넣게 되는 사회적인 아픔을 강조하고 있습니다. 사회적 약자들에 대한 배려가 없는 제도와 부족한 정부 지원을 꼬집는 것이 핵심입니다.

하지만 다른 한편으로는 영화 속에서 다니엘이 관공서에서 실업급여를 신청하기 위한 온라인 신청 과정에서 인터넷 사용법을 몰라 계속해서 실패하는 모습이나 취업 활동을 위해 종이에 직접 펜글씨로 이력서를 작성하는 모습을 보면서 조금은 고집스럽고 인간적인 모습이긴 하지만 시대의 변화를 너무 놓치고 사는 것은 아닌가 하는 아쉬움도 있었습니다.

대한민국 역시 대부분의 민원 서비스가 온라인으로 바뀌었기 때문에 우리 부모님 세대의 많은 분들이 관공서 업무를 보기 위해 다니엘과 비슷한 어려움을 겪고 계실 것 같습니다.

영화를 보는 동안 주인공 다니엘이 안쓰럽기도 하고 부모님 생각이 나면서 어쩌면 나를 포함해 직장생활에만 전념해온 많은 중년 은퇴자들의 또 다른 미래 모습이 아닐까 하는 생각에 영화를 보는 내내 가슴이 먹먹하고 애잔한 마음이 컸습니다.

사회적, 제도적 보완과 함께 약자를 배려하는 문화적인 성숙이 반드시 필요하겠지만 시간이 오래 걸리고 어느 정도까지 기대 수준을 높여야 하는지에 대한 기준도 모호합니다. 그렇다면 시대가 바뀜에 따라 우리 자신이 그런 변화를 이해하고 받아들이려고 노력하는 것도 좋은 해결책이 되지 않을까 생각해봅니다.

세상은 혼자 살아갈 수 있는 곳이 아니기에 변화를 거부하고 변화하는 세상에서 자신만은 그대로 머무르기를 바란다면 결국 혼자 남겨지게 될 것입니다. 계절이 바뀌면 그에 맞는 옷으로 갈아입고 그에 맞는 활동을 해야 합니다. 긴 겨울이 지나 따뜻한 봄이 오면 가벼운 옷으로 갈아입고 밖으로 나가 새싹이 돋고 꽃이 피는 것을 보고, 여름에는 시원한 계곡이나 바다에서 수영을 하고, 가을에는 예쁜 단풍 구경을 가고, 겨울에는 새하얀 설원에서 스키를 즐기는 것이 세상의 이치입니다. 계절은 계속해서 바뀌는데도 옷 갈아입는 것이 귀찮고 싫어 겨울잠 자는 곰마냥 집에서 꼼짝하지 않고 사시사철 같은 옷만 입고 지낸다면 결국 자기만 고립되고 더욱 외로워질 것입니다. 곰도 겨울이 지나 따뜻한 봄이 오면 겨울잠에서 깨어나 새로운 한 해를 준비합니다.

너무도 빠르게 발전하는 디지털 문명과 새로운 기술의 서비스들은 컴퓨터공학을 전공했고 IT 분야에서 20년 넘게 일해온 저한테도 여전히 어렵고 익숙해지기까지 상당한 시간과 노력을 필요로 합니다.

굳이 인공지능이나 Web 3.0, NFT(Non-Fungible Token), 메타버스(Metaverse)까지 이야기하지 않더라도, 아주 작은 예로 개인 인증절차를 필요로 하는 핀테크나 e-커머스 앱들도 사용하기 너무 불편하고 복잡해 사람을 지치게 합니다. 그렇다 보니 은행 업무가 필요하거나 온라인으로 물건을 살 일이 있을 때는 매번 바쁘다는 핑계를 대면서 아내에게 부탁해왔습니다.

그런데 영화 속 주인공 다니엘이 나의 미래 모습과 너무 비슷해 보였고, 순간 저 역시 또 다른 미래의 디지털 세상에서 영화 속 주인공처럼 새로운 문물에 적응하지 못하고 퇴물 같은 취급을 받을 수 있겠다는 두려운 생각이 들었습니다.

그래서 그때부터는 가능하면 직접 필요한 앱들을 깔고, 물건을 직접 구매하고, 은행 업무도 직접 처리하고 있습니다. 앱들의 사용자 경험이 과거 인터넷뱅킹이나 쇼핑몰보다 많이 좋아지긴 했지만, 여전히 불편하고 복잡한 인증절차와 새로운 기능들은 저를 지치고 힘들게 합니다.

저 같은 사람들의 불편함을 이해하고 이런 틈새시장을 블루오션으로 공략할 수 있는 핀테크나 e-커머스 앱들을 만들어 유니콘 기업으로 급성장하는 스타트업들이 많이 나오는 이유가 백분 이해되기도 합니다.

재미있는 것은 어린 나이의 친구들일수록 새로운 활동이나 기기나 변화를 어렵거나 불편하게 생각하지 않고, 새로운 경험으로 받아들이고 즐기면서 빠르게 흡수하고 성장한다는 것입니다.

저 역시 젊었을 때는 변화와 도전을 두려워하지 않았고, 힘들었지만 그런 도전을 통해 배움과 성장을 느낄 수 있어서 보람도 많았습니다. 그런데 언제부턴가 새로운 것을 경험하거나 변화의 중심에 서는 것이 부담되기 시작했고 그 이유와 핑계를 다른 곳에서 찾으려고 했는데, 곰곰이 생각해보니 근본적인 이유는 저 자신한테 있다는 것을 알 수 있었습니다. 변화는 제가 조절할 수도 없고 끝없이 일어나지만, 그걸 받아들이기 싫어서 환경 핑계를 대고 주변 핑계를 대고 내가 살아온 방식을 고집하고 있었던 것이 아닌가 싶습니다.

앞의 영화 속 다니엘처럼 세상은 끊임없이 변화하고 있지만, 자신은 같은 자리에 계속 머무르려고 한다면 인생은 뜻대로 흘러가지 않을 것입니다. 하지만 변화를 받아들이려고 노력하고 주체적으로 준비할 때, 자신의 삶을 계속해서 계획한 대로 술술 풀어나갈 수 있을 것입니다.

4 ——→   건강 관리

통계청 발표에 의하면 대한민국 국민의 평균 기대수명은 1970년 62.3세에서 2020년에는 83.5세로 20세 이상 늘어났습니다. 의료 기술의 급격한 발전과 충분한 음식과 영양 공급이 가능해지면서 인간의 기대수명은 과거 어느 때보다 길어졌고, 앞으로 100세의 시대를 살아갈 것으로 예상하고 있습니다. 인간에게 가장 소중한, 시간이라는 보물을 더 받을 수 있게 된 것입니다.

하지만 길어진 기대수명만큼이나 은퇴 준비를 어떻게 하느냐에 따라 은퇴 이후의 시간은 황금과도 같은 행복한 시간이 될 수도 있고, 하루하루가 암흑과도 같은 끔찍한 악몽의 시간이 될 수도 있습니다.

실제로 평균수명이 급격하게 늘어나면서 우리 주변에서는 아흔 넘게 장수하시는 어른들을 자주 볼 수 있습니다. 저만 하더라도 양가 부모님들이 모두 85세를 넘기셨고, 아직도 등산을 다니실 정도로 정정하게 지내고 계십니다. 저희 아파트 단지 안에 있는 휘트니스 센터에서도, 많은 80대 노인분들이 노년에도 건강을 유지하기 위해 꾸준히 운동하시는 모습을 쉽게 볼 수 있습니다.

반면에 그에 못지않게 초년에 건강을 잃고 병치레하시면서 오랜 기간 고생하시는 분들도 계신데, 그런 분들은 돈이고 명예고 다 필요 없고 건강이 최우선이라고 말씀하시곤 합니다. 나이 들어 건강이 망가지게 되면 수십 년을 병원에서 지내야 할 수도 있고, 홀로 고독하고 외로운 삶을 보내게 될 수도 있습니다.

건강은 은퇴 여부나 나이에 상관없이 행복한 삶을 살아가기 위한 가장 기본적이면서도 소중한 자산이지만, 특히나 은퇴 후 삶의 질을 결정짓는 가장 중요한 요소 역시 건강입니다.

경제적으로 얼마나 준비가 되었건 건강하지 못하다면 생활의 만족감이나 행복감은 떨어질 수밖에 없습니다. 건강은 즐겁고 행복한 삶을 살아가기 위한 선택이 아닌 필수 요소이며, 100세 시대를 맞아 오래 사는 것 자체가 중요한 것이 아니라 건강하게 사는 것이 더욱 중요합니다.

특히 건강이 악화되면 본인뿐만 아니라 가족 전체의 삶이 힘들어지게 되고 경제적 손실도 피할 수 없게 됩니다. 배우자가 있는 경우라면 부부가 서로의 건강을 챙기면서, 꼭 같이하는 운동일 필요는 없지만 서로가 운동을 독려하는 것이 좋습니다.

이렇듯 정신적인 성장이나 자기계발과 함께 육체적인 건강 관리 역시 은퇴 계획에 꼭 포함해야 합니다. 그리고 건강 관리를 통해 중년 이후의 삶을 젊었을 때보다 오히려 더 건강하게 지내는 경우도 많이 있습니다.

저 역시 40대 초중반까지는 거의 대부분의 에너지와 시간을 일과 회사, 관계에 쏟아부었고 그로 인해 40대 중반에 건강이 망가지면서 응급실에 몇 번이나 실려갔습니다.

몸이 너무 안 좋았기 때문에 오랫동안 피워왔던 담배는 끊을 수밖에 없었고 저녁 술자리까지도 모두 피해야 했습니다. 그러다 보니 회사에서 항상 함께했던 수많은 사람들과의 관계는 소원해지게 되었고 그들로부터의 관심도 사라진다고 느끼면서 처음에는 많이 불안했습니다.

하지만 시간이 지날수록 다른 사람이 아닌 제 자신에게 조금씩 더 집중할 수 있게 되면서 엄청난 삶의 깨우침을 얻을 수 있었던, 너무도 소중한 경험이 되어주었습니다.

이전까지는 남들의 평가를 가장 중요하게 생각하면서 주변 시선에 항상 신경을 곤두세우고 살아왔지만, 그 이후로는 건강을 포함해 저한테 정말 소중한 것들이 무엇인지를 돌아보고 깨달을 수 있게 되었습니다.

그때 이후로 운동량을 꾸준히 늘려오면서 지금은 오히려 이전보다 훨씬 더 건강한 생활을 하고 있습니다. 다시 태어났다는 기분으로 주변에 감사하고 가족에게 최선을 다하며 열심히 살아가고 있습니다.

한번 망가진 건강은 다시 회복하는 데 정말 많은 시간과 노력이 필요합니다. 특히 은퇴를 앞두고 건강까지 관리하지 못한다면 은퇴 이후의 정신적인 충격을 이겨내고 새로운 도전으로 제2의 인생을 시작할 수 있는 에너지를 만들어내기 어려울 수 있습니다.

몸이 건강해야만 새롭게 시작해야 하는 은퇴 후의 삶에서도 주어진 역할을 잘 소화해낼 수 있습니다. 나이가 들수록 규칙적인 운동 습관을 만드는 것이 필요하고, 운동을 하루 일과의 최우선순위로 두는 것도 좋은 방법입니다. 저 역시 몇 년째 신년 계획에 1주일에 3일 이상 운동하기를 항상 포함시켜두고, 특별한 일이 없는 이상 매주 실천하고 있습니다. 좋은 습관이든 나쁜 습관이든 한번 만들어진 습관은 바꾸기 어렵습니다. 운동이라는 좋은 습관이 만들어지기까지는 꽤 오랜 시간이 필요하지만 한번 만들어지게 되면 생활의 활력이 되고 하루를 살아가는 데 큰 에너지가 되어줍니다.

건강이 좋지 않은 분들이 있다면 조금이라도 일찍 운동을 시작하시고, 무리하지 말고 조금씩 운동량을 늘려가면서 건강을 다시 찾으시길 바랍니다. 아프지 않는 것이 가장 좋겠지만, 건강이 좋지 않더라도 건강 관리를 통해 그 병을 이겨내는 과정에서 육체적인 건강뿐만 아니라 삶에 있어서도 분명 엄청난 배움을 얻을 수 있을 것입니다.

5 ⟶ 　　　주변과 풍요로운 관계 만들기

　사람은 혼자서 살아갈 수 없는 사회적인 존재입니다. 인간(人間)이라는 단어만 봐도 알 수 있듯이 사람들 사이에서 이루어지는 사회 활동을 통해 서로 부대끼고 서로 도우며 살아가야 합니다. 사회 공동체에서의 공헌과 활동을 통해 자신의 자존감과 가치를 만들고 삶의 보람을 느낄 수 있습니다.

　중년으로 갈수록 자신에게 가장 중심이 되는 사회 공동체는 직장이 되고, 우리가 만나는 사람들의 대부분 역시 회사나 일과 관련된 사람들입니다.

　회사에서는 나이나 경력에 따라 부서 내에서 상하관계가 정해지고, 주어진 프로젝트나 업무를 성공적으로 수행하기 위해 다양한 역할의 사람들과 자연스럽게 협업하게 됩니다. 그런 과정을 통해 경력이 쌓이고 업무의 전문성이 높아질수록 회사에서는 더 많은 인정과 동료들로부터의 존중을 받게 됩니다.

　이렇듯 회사에 속해 있을 동안에는 항상 얼굴을 마주하고, 연락을 주고받고, 서로 배려하고 존중하는 소중한 동료들이 있습니다. 하지만 막상 퇴사를 하고 나면 직장에서 만나던 대부분의 사람들은 멀어지게 됩니다.

　아니라고 이야기하는 분들도 있겠지만 냉정하게 생각하고 주위를 둘러보면 업무로 맺어진 관계는 은퇴 후 대부분 사라지게 됩니다.

회사의 목적 달성을 위해 인위적으로 만들어진 관계이다보니 그 조직에서 떨어져나오는 순간 업무에서도 필요가 없어지게 되며 그 관계에서도 소외되거나 분리되면서 점점 멀어지게 됩니다.

누구의 잘못도 아니며 당연하고 자연스러운 현상입니다. 하지만 직장인들이 지금까지 만나고 연락해왔던 대부분의 사람들은 회사나 일과 관련된 사람들이고, 그런 사람들로부터 갑자기 연락이 사라지게 된다면 엄청난 상실감을 경험할 수 있습니다. 그동안 정이 든 만큼 그로 인한 배신감이나 실망감도 클 수 있습니다.

그렇다 보니 은퇴 이후에 단절되는 인간관계로 인한 아픈 감정을 잘 추스리고 극복해내는 것 역시 중요합니다. 그리고 또 다른 한편으로는 업무에 의해 만들어지는 관계가 아닌, 서로의 모습을 있는 그대로 받아들이고 인정해주는, 사람 냄새 나는 새로운 관계를 만들어가는 것 역시 인생 후반부의 중요한 과제가 될 것입니다.

은퇴 이후에 맺게 되는 관계는 회사에서 인위적으로 만들어주는 관계가 아닌, 자신의 기준에서 본인이 원하는 관계를 만들어가야 합니다. 직장에서 인정받고 존중받던 시절의 높은 기준으로 사람들이 나한테 찾아오기를 기다린다거나, 회사에서 지정해주는 부서나 조직과 같은 인위적인 공동체처럼 아무런 노력 없이도 어딘가에 자연스럽게 소속되기를 기다린다면 아무도 본인에게 관심을 주지 않고 함께할 수 있는 새로운 사회관계를 만들기도 어려울 것입니다.

오랜 회사생활로 익숙하지 않을 수 있겠지만, 본인이 좋아하고 원하는 일이나 활동이 있다면 자신이 먼저 찾아서 다가갈 수 있어야 하고, 그런 사람들과 어울릴 수 있도록 존중과 배려를 먼저 보이면서 서로 신뢰할 수 있는 관계를 만들어가야 합니다.

자신이 진정으로 좋아하는 것을 함께할 수 있는 사람들이 있고, 순수하게 서로의 의견을 나누고 함께 공감할 수 있는 관계를 만든다면 은퇴 후 더할 나위 없이 큰 힘과 기쁨이 될 것입니다.

긍정적이고 희망적인 관계 만들기

사회나 조직에 대한 불만을 이야기하고 주변 사람들을 뒷담화하는 자리나 그런 유형의 사람들은 가능한 피하는 것이 좋습니다. 회사에서도 하루 일과가 끝나고 동료들과의 술자리에서 선배나 다른 동료들을 험담하고 회사생활의 불만을 토로하는 사람들이 있습니다. 그런 사람들은 남에 대한 험담이나 뒷담화를 술안주로 삼아야 스트레스가 풀린다고 이야기하곤 합니다. 하지만 그런 자리에 참석해서 부정적인 이야기를 나누는 것은 너무도 많은 에너지를 낭비하게 만들고, 온갖 안 되는 이유와 핑곗거리만 찾게 되면서 문제를 해결하기보다는 더욱 악화시키게 됩니다. 더구나 다음 날이 되면 전날 저녁 술자리에서 함께 내뱉었던 말들로 스트레스를 받고 지난 시간이 아깝다는 생각이 자주 들곤 합니다.

우리가 살아가는 세상이 동화 속 이야기처럼 선(善)은 승리하고 악(惡)은 벌을 받는 올바른 세상이면 더없이 좋겠지만, 현실에서는 불합리하고 납득이 되지 않는 문제들도 많습니다. 그렇다고 매번 모든 부분을 부정적으로만 보고 항상 불만을 토로한다면 문제가 해결되거나 현실이 더 나아지기보다는 자신의 생각이나 말처럼 본인의 삶도 그렇게 슬프고 우울해지게 되고 주변 사람들도 점점 떠나게 됩니다.

반대로 밝고 긍정적인 에너지를 지닌 사람들과 함께하는 시간은 좋은 에너지를 서로 나누면서 모든 사람들이 함께 발전하고 서로를 이롭게 합니다. 긍정적인 사람들도 세상의 불합리한 문제들을 똑같이 안고 살아가고, 많은 걱정들을 가지고 있습니다. 하지만 불만보다는 현실에서 해결할 수 있는 실마리를 찾으려고 노력하면서 긍정적이고 희망적인 면을 우선 이야기합니다.

희망적인 사람들과 함께하면 장기적으로는 다 같이 성공으로 갈 확률이 훨씬 높습니다. 굳이 성공이라는 먼 미래를 보지 않더라도 그런 사람들과 함께하는 자리만으로도 서로에게 힐링이 되고 즐거움을 나누는 시간이 됩니다.

어릴 때부터 자주 듣던 "끼리끼리 논다"라는 어른들 말씀의 깊은 이치를 나이가 들어가면서 더 깊이 있게 깨달을 수 있는 것 같습니다.

나에게 밝은 에너지를 나누어주는 긍정적이고 희망이 넘치는 사람들과 함께할지, 나를 지치게 만들고 모든 일에 부정적이고 불만투성이인 사람들과 함께할지 그 선택은 자신에게 있습니다.

가족 각자의 시간과 생활 보호하기

코로나로 2년 넘게 재택근무를 하고 있습니다. 처음 몇 달 동안은 출퇴근의 지옥에서 해방될 수 있었고, 주변의 소음 없이 방에서 조용히 업무에만 집중하면서 업무 효율도 높아 재택근무의 만족도는 너무도 높았습니다. 얼굴을 직접 보면서 미팅을 하는 경우, 상황이 복잡하거나 이슈가 있는 경우 자칫 이성보다는 감정이 앞서면서 서로 불필요한 말들로 마음에 상처를 주곤 하지만 온라인 회의는 그런 부분에서도 상당히 효과가 있었습니다. 재택근무가 출퇴근의 준비나 이동에 필요한 시간을 줄여주고, 지옥철과 같은 대중교통 이용이나 꽉 막힌 출퇴근 시간 운전에 대한 스트레스도 획기적으로 줄여주고, 업무 처리에 있어서도 상당히 효율이 좋았습니다. 그런데 재택 기간이 길어지고 1년을 넘기고 2년이 넘어가면서 동료들과의 관계는 조금씩 소원해지게 되고, 새로운 입사자는 온라인으로 간단히 인사만 나누고 퇴사자 역시 간단한 메일로 퇴사 인사만 보내고 나가다 보니 회사나 부서에 누가 들어오고 나가는지도 모르는 것이 다반사가 되었습니다. 미팅의 주제와 성격에 따라서 얼굴을 마주 보고 화이트보드에 서로의 의견을 쓰면서 깊이 있게 토론하고 브레인스토밍을 하는 것이 필요한 경우가 있지만, 오랜 온라인 미팅으로 많은 사람들이 회의에서 자신의 의견이나 주장을 펼치는 것이 점점 소극적으로 바뀌었습니다.

사실 더욱 큰 문제는 예상보다 훨씬 길어진 재택근무로 인해 아내와 함께하는 시간이 많아지면서 서로의 독립된 공간과 시간이 사라진 것입니다. 일과 시간에는 최대한 각자의 방에서 저는 회사 일에 몰두하고 아내는 자신이 관심 있는 분야의 공부를 하면서 보내긴 하지만, 아내 입장에서는 아침부터, 점심, 저녁까지 하루 세 끼가 매일 신경이 쓰일 수밖에 없습니다. 길어지는 재택으로 아내도 지칠 수밖에 없고 그런 모습이 표정과 말투에서 조금씩 나오면서 저도 모르게 아내의 눈치를 살피고 있는 제 자신을 볼 수 있었습니다.

그래서 지금은 1주일에 2~3일은 무조건 사무실로 출근해서 일을 하고 있습니다. 출퇴근이 조금 귀찮고 불편하지만 그게 저와 아내를 위한 최선의 선택이라는 생각이었고, 실제로 그런 후로 서로가 훨씬 자유롭게 되었고 아내한테도 덜 미안해졌습니다.

재택근무만 해도 이러한데, 은퇴를 하고 일까지 없는 상태에서 아내와 단둘이 계속 집에 함께 있는다면 서로가 정말 힘들고 지치고 답답해질 수 있겠다는 생각이 많이 들었습니다. 이번 재택근무를 계기로 아내는 "은퇴 후에도 취미생활이 되었든 가벼운 일이 되었든 자기 없이도 혼자 시간을 보낼 수 있는 활동을 무조건 찾아서 매일 집에서 나가야 한다"라고 자주 이야기하곤 합니다. 언제부턴가 우스개 아닌 우스갯소리로 은퇴 후에도 낮 시간 동안은 절대 자기를 찾지 말아달라고 부탁합니다.

이번에 오랜 기간 재택근무를 하면서 부부간에도 서로 간섭하거나 구속하지 않는 각자의 독립된 시간과 활동이 반드시 필요하고 정말 중요하다는 것을 배울 수 있었습니다.

은퇴 전에는 맞벌이를 하든 외벌이를 하든 모든 부부가 낮 시간 동안은 각자의 독립된 시간과 생활을 보내고, 주말이나 저녁 시간은 가족들이 함께할 수 있는 활동이나 계획을 만들어 보내게 됩니다. 하지만 은퇴 이후에는 직장생활이 사라지고 바깥 활동에 대한 준비가 안 되어 있기 때문에 은퇴 후 집에만 있게 되는 경우가 자주 있습니다. 하지만 은퇴 후에 부부가 오랜 시간 계속해서 같이 있게 되면 서로의 생활이 망가지면서 다툼이 잦아지고 갈등이 깊어질 가능성이 높습니다. 부부의 관계나 상황에 따라 다를 수는 있겠지만 은퇴 전에 각자 가지고 있던 개인의 일정이나 취미생활, 모임 활동 등에는 최대한 서로 영향을 주지 않는 것이 좋습니다.

그래서 은퇴를 계획할 때는 은퇴 이후에도 계속할 수 있는 활동, 가능하다면 어느 정도의 수익을 만들어낼 수 있는 활동을 준비하는 것이 반드시 필요합니다. 그런 활동을 통해 사회 활동을 통한 대인관계도 유지할 수 있고, 배우자에게 독립된 생활과 시간을 보장해주면서 가정에서의 갈등도 없앨 수 있습니다.

이전 경험과 지식 나누기

회사에서 가끔씩 신입 직원들이나 대학생들을 대상으로 멘토링 활동을 하곤 합니다. 저의 작은 경험과 지식 나눔이 사회생활을 준비하거나 이제 막 시작하는 학생들, 그리고 사회 초년생들에게는 나름 큰 도움이 되는 것을 보면서 많은 보람을 느끼곤 했습니다. 고등학생들이나 대학생들을 대상으로 지식 나눔이나 멘토링을 하게 되면 제가 베푸는 것과는 비교할 수 없는 훨씬 더 큰 행복으로 보상받게 됩니다.

주변에서도 누군가의 작은 실천이 또 다른 누군가에게는 큰 도움이 되는 사례들을 자주 보고 들을 수 있습니다. 은퇴 후에도 젊은 친구들에게 멘토가 되어주거나, 필요한 사람들에게 그동안 배워왔던 지식이나 경험을 나누거나, 주변에 도움과 사랑을 베풀 수 있는 사회 활동들을 찾아 실천한다면 그런 활동을 통해 누구보다 본인 스스로가 삶의 만족과 보람을 느낄 수 있을 것입니다.

6 ⟶ 많아지는 시간에 대한 관리

　성공적인 은퇴를 위해서는 경제적인 준비나 독립과 함께 인생 후반부의 하루하루를 회사가 아닌 자신에게 맞춰 온전히 즐기면서 알차고 충실히 보낼 수 있는 활동들을 계획하는 것 역시 중요합니다.

　은퇴를 준비하는 사람들이나 갑작스럽게 명예퇴직 대상이 되는 사람들의 대부분은 짧게는 10년 이상에서 길게는 30년 가까운 직장생활을 해왔던 사람들입니다.

　주말이나 휴일을 제외하고는, 많은 사람들의 경우 휴일조차도, 하루 시간의 대부분은 회사에서 정해준 시간표에 맞춰 살아왔습니다. 출근 시간에 맞춰 기상 시간을 맞추고, 출근해서 퇴근 시간까지는 각자의 주어진 업무와 역할에 따라 일과를 보내고, 저녁 식사나 회식 자리에 가거나 퇴근을 하게 됩니다. 집으로 돌아와서 샤워하고 저녁 식사를 하고 약간의 자유시간을 가진 후 다음 날 출근을 위해 정해진 시간에 잠자리에 들게 됩니다. 일이 많거나 적을 수도, 즐겁거나 지겨울 수도 있겠지만, 우리 일상의 대부분은 매일 반복되는 회사의 시간표에 맞춰져 있었고 자신도 모르게 그런 정해진 일정에 너무도 잘 맞춰 살아왔습니다. 그리고 사실 그런 예측 가능한 생활이 익숙하고 편하다고 생각했을 것입니다.

　하지만 은퇴 이후에는 그런 체계적인 일정이 따로 없습니다. 아무런 제약도 없고, 아무런 계획도 없이 하루하루를 그때그때 마음 가는 대로 지낼 수 있고 자유를 만끽할 수 있을 것입니다. 처음에는 좋을 수 있겠지만 시간이 지날수록 자유로움보다는 외로움이 커지면서 무기력해지게 되고, 더구나 매일같이 그런 생활을 몇 달, 몇 년 계속할 수는 없습니다.

평소에 하고 싶었던 일이나, 운동이나 독서와 같은 취미생활과 봉사활동을 포함해 은퇴 이후의 삶을 의미 있고 가치 있고 즐거운 삶으로 만들어갈 수 있도록, 회사가 아닌 자신의 기준에서 체계적인 일정을 만들어가야 합니다.

은퇴의 목적과 상황에 따라 다르겠지만 각자의 상황에 맞는, 체계가 잡힌 은퇴 후 생활 계획표가 준비되어야 합니다. 똑같이 바쁜 일정을 살아가겠지만 회사에서 정해주는, 마지못해 해야 하는 일들로 꽉 찬 빠듯한 일정표가 아니라 자신이 정말 원하는 활동들로 하루를 가득 채워 재미와 열정으로 지낼 수 있어야 합니다.

조기 은퇴를 하든 정년퇴직을 하든 은퇴 이후 우리는 또다시 수십 년을 살아가야 합니다. 하지만 안타깝게도 은퇴 후에 어떻게 지낼지에 대한 구체적인 계획을 가지고 있는 사람들은 그렇게 많지 않습니다. 그때 가서 생각해본다거나, 아무것도 하지 않고 편하게 쉬고 싶다고 하거나, 등산이나 낚시를 다닌다고 하는 등 두루뭉술하게 답하는 경우가 대부분입니다. 은퇴 후 제2의 인생을 헛되지 않고 보람되게 만들기 위해서는 많아지는 시간에 대한 구체적인 설계와 계획이 반드시 필요합니다.

저의 장인어른은 평생을 현장에서 일하시다 정년의 나이에 은퇴하셨습니다. 젊은 시절부터 하고 싶어 하셨던 일이 있었지만 어려운 가정 형편으로 어쩔 수 없이, 당신의 의지와 상관없이 가족들의 생계를 위해 직장생활을 평생 하시고 정년에 퇴직을 하셨습니다.

젊어서부터 유독 손재주가 좋으셔서 통나무를 깎아 조각을 만드시거나 그림과 붓글씨도 곧잘 하셨다고 합니다. 그림이나 조각을 제대로 배우신 적은 없었지만, 재능도 있고 재미도 있다 보니 그림과 붓글씨에 항상 미련을 두고 사셨다고 합니다.

은퇴 후 붓글씨를 배우고 출품을 하시면서 은퇴 몇 년 후에는 대한민국 공인 작가로 등재되셨고 작가 활동을 시작하셨습니다. 오전에는 주로 등산을 다녀오시고, 오후에는 서실에 나가시거나 집에서 하루 두세 시간씩 붓글씨와 그림을 그리면서 작품 활동을 하시고 계십니다.

여든이 넘은 나이임에도 작품 활동을 하시는 동안은 온전히 집중하시고 정말 즐겁게 시간을 보내고 계십니다. 완성되는 작품을 주변에 선물하고 나누시면서 즐거워하시는 모습을 보면서 은퇴 후에 자신이 좋아하는 일을 찾아 할 수 있다는 것이 얼마나 중요한지를 많이 느끼게 됩니다.

물론 조금 더 이른 나이에 은퇴를 결심하는 경우라면 정년 이후의 취미 활동 수준을 넘어 본인이 항상 꿈꿔왔던 일에 새롭게 도전하거나 시작해볼 수도 있을 것입니다.

중년이 되면서 일은 익숙해지고 아이들도 성장해서 손이 덜 가기 때문에 시간은 많아지게 됩니다. 하지만 열정은 예전 같지 않습니다. 시간은 많고 열정이 없다는 것은 오히려 사람을 우울감이나 무력감에 빠지게 할 수 있습니다. 열정이 없어지는 가장 큰 이유는 열정을 쏟을 만한 즐거운 일을 찾지 못한 것일 테고, 새로운 도전과 변화에 대한 두려움과 새롭게 주어지는 일을 꼭 성공시키고 잘해내야 한다는 중압감 때문일 것입니다. 열정을 다시 만들어내기 위해서는 남는 시간을 투자할 수 있고 새로운 도전을 부담이 아닌 배움으로 받아들일 수 있는 일을 찾아야 합니다. 그렇게 자기가 좋아할 수 있는 일을 찾아 즐기는 것입니다.

저 역시도 회사에서 주어진 일을 어떻게 하면 잘해낼 수 있을까에 대해서만 항상 고민하며 살아왔습니다. 자신이 정말 하고 싶은 일, 좋아하는 일을 찾고 거기에 열정과 정력을 쏟는다면 일에 대한 부담이나 실패에 대한 두려움보다는 일 자체가 즐거움이 될 것이고, 거기에 행복이 따라올 것입니다.

은퇴 이후 경제적인 활동과 취미생활을 구분해서 할 수도 있겠지만, 이왕이면 경제적인 활동을 억지로 해야 하는 일보다는 자신이 즐기면서 할 수 있는 일로 선택하는 것이 필요합니다. 은퇴 이후에 선택하는 일은 금전적인 가치보다는 마음을 설레게 하고 온전히 즐길 수 있는 일이어야 합니다. 무엇보다 자신의 미래 삶의 가치가 가장 중요한 선택의 기준이 되어야 합니다.

회사 오너의 경우에는 정년 이후에도 나이나 퇴직 여부와 상관없이 회사 오너로서의 활동 경험이 계속 자신의 삶의 활력과 자존감의 원천이 될 수 있을 것입니다.

하지만 대부분 직장인의 경우 은퇴 이전의 직업이 가족을 부양하기 위한 생계의 목적이었다면, 은퇴 후에 갖는 제2의 직업은 경제 활동과 함께 자아실현이라는 두 마리 토끼를 동시에 잡을 수 있어야 합니다.

은퇴의 목적과 은퇴 시의 나이와 각자의 여건에 따라 하루 일과가 다르게 계획되겠지만, 각자의 상황과 목적에 맞춰서 단기, 중기, 장기에 대한 목표를 잡고 그 목표를 달성하기 위한 월별 활동 계획과 함께 주별로 하루하루에 대한 구체적인 일정을 만들어야 합니다. 회사에서도 분기나 월간 계획과 함께 주간 계획에 하루하루의 일정이 캘린더에 빼곡히 채워져 있듯이, 은퇴 후에는 회사 일이 아닌 자신의 기준에서 캘린더의 내용이 구체적으로 채워져야 합니다.

회사처럼 마감이 있는 것도 아니고, 누군가에게 자신의 계획을 주기적으로 보고할 필요도 없기 때문에 처음부터 너무 무리하게 일정을 채울 필요는 없습니다. 하루하루를 살아가면서 경험하고 연습하면서 좋은 것은 늘리고 싫은 것은 빼거나 줄여가면서 조금씩 더 알찬 시간들로 만들어가면 됩니다.

지금까지 익숙했던 직장생활에서의 기준이 아닌 은퇴 후의 생활을 상상하면서 완전히 새로운 기준으로 나의 생활에서 반드시 추가해야 할 활동 또는 추가하고 싶은 활동, 가끔씩 해왔지만 더 늘리고 싶은 활동, 해야 하는 일이지만 줄이고 싶은 활동, 어쩔 수 없이 마지못해 했거나 앞으로는 꼭 제거하고 싶은 활동들을 정리해보는 것도 좋습니다. 은퇴 후 제2의 삶을 즐기고 성공하기 위해서는 새로운 것을 무작정 추가하기보다는 소중한 것에 온전히 집중할 수 있도록 불필요하거나 방해가 되는 요소들을 과감하게 제거하는 것이 무엇보다 중요합니다.

산업에서 경쟁 요인의 일부를 제거하거나, 산업 평균 대비 감소시켜야 하거나, 산업 평균 대비 증가시켜야 하거나, 새롭게 창조해야 하는 비즈니스 영역들을 도출하여 기업의 경쟁력을 높이고 블루오션으로 나아가기 위해 사용하는 ERRC(Eliminate-Reduce-Raise-Create) 그리드라는 프레임워크가 있습니다.

ERRC 프레임워크를 개인의 생활에 적용하여 자신의 현재 생활을 되짚어보면서 제거해야 할 일이나 습관들, 줄여야 할 일이나 습관들, 늘려야 할 일이나 습관들, 새롭게 추가해야 할 일이나 습관들을 정리해본다면 은퇴 후 효율적인 시간 관리와 목표하는 삶을 이루는 데 큰 도움과 지침이 되어줄 것입니다.

이 프레임워크는 기업이 미래 블루오션 전략을 달성하기 위해서는 현재 제거해야 하는 일들과 축소시켜야 하는 일들을 잘 정의하고 실천하는 것이 무엇보다 중요하다고 이야기합니다. 개인의 삶에 대해서도 자신의 미래, 은퇴 후의 행복한 삶을 위해 현재 꼭 제거해야 하는 일들과 줄여가야 할 일들을 정리해서 실천하는 것이 무엇보다 중요합니다.

제거해야 할 것들 (E)	줄여야 할 것들 (R)
- 흡연 - 매시간 업무 메일 확인 - 불필요한 근심, 걱정	- 술자리(1주일에 2회 이하) - 폰 사용 - 게임, 인터넷 - 불필요한 소비
늘려야 할 것들 (R)	**새롭게 만들어야 할 것들 (C)**
- 운동(1주일에 2일 이상) - 가족, 친구 등 연락하기 - 가족 여행(한 달에 한 번) - 독서(2주에 한 권)	- 악기 배우기 - 커뮤니티 활동 참여 - 요리 배우기

ERRC 그리드 예시

아래 비어 있는 ERRC 그리드에 은퇴 후의 성공적인 삶을 이루기 위해 현재 제거하고, 늘리고, 줄이고, 추가해야 할 활동들이 무엇인지 정리해봅니다. 한 단계 더 나아가 시간을 두고 각 영역별 항목에 대해 구체적인 활동 계획까지 만들어 실천해보시길 바랍니다.

제거해야 할 것들 (E)	줄여야 할 것들 (R)
늘려야 할 것들 (R)	**새롭게 만들어야 할 것들 (C)**

ERRC 그리드

4050, 은퇴 준비 되셨나요?

7 ⟶ 진정한 자아 찾기

막상 퇴직을 하게 되면 대부분의 경우 엄청난 상실감을 경험하게 된다고 합니다. 그도 그럴 것이 대부분의 사람들이 성인이 된 이후 자신의 온 열정과 시간을 바쳐 일해왔고, 자신이 누구인지를 가장 잘 대변해주었던 것이 바로 자신의 직장, 그리고 그곳에서의 역할과 위치였기에 정체성에 대한 상실감으로 인한 상처는 너무도 당연할 것입니다.

자발적 은퇴보다 명예퇴직이나 회사의 경영 문제로 어쩔 수 없이 조기퇴직을 해야 하는 경우 그 충격은 훨씬 더할 것입니다. 그런 상실감을 잘 극복해내고 자존감을 회복함으로써 새로운 삶에서의 행복을 빠르게 찾아가는 것은 은퇴 후의 삶에 대해 얼만큼의 고민과 준비를 했는지에 달려 있습니다.

항상 반복적으로 바쁘게 쫓기다시피 살아왔던 회사생활이 갑자기 사라지게 되면 처음에는 불안하고 조바심이 날 수 있습니다.

하지만 앞으로 또다시 20~30년의 새로운 삶의 여정을 시작해야 하니 우선은 조금의 여유를 가지면서 그동안 가족과 자신을 위해 열심히 살아온 것에 대한 스스로의 따뜻한 칭찬과, 여행과 같은 가벼운 보상의 시간을 가지는 것도 좋을 것입니다. 몇십 년 동안 계속해왔던 회사와 일에 대한 생각은 완전히 버리고, 아무런 고민 없이 느긋하고 편안한 마음으로 온전히 나만의 시간을 가져보면 좋을 듯합니다. 그런 여백의 시간을 통해 지금까지 직장을 중심에 두고 살아온 인생의 전반부와 앞으로 자신을 중심에 두고 새롭게 살아갈 인생 후반부를 구분 짓는 것이 은퇴 후의 삶을 준비하는 데 도움을 줄 것입니다.

그렇게 이전 직장생활의 패턴을 깨면서 충분한 여유와 휴식의 시간을 가지고 나면, 이제 은퇴 후 계획했던 새로운 일들을 시작하고 싶다는 열정이 생겨날 것입니다. 사람은 기본적으로 뭔가 의미 있고 생산적인 활동을 통해서 삶의 가치와 자아를 찾을 수 있기 때문에 그런 여백의 시간은 그렇게 오랜 시간이 걸리지는 않습니다.

은퇴 후의 삶을 행복하게 만들어가기 위해서는 진정한 자아를 찾는 것이 무엇보다 중요합니다. 은퇴를 하게 되면 회사생활에서와는 달리 어느 누구도 자신의 모습을 만들어주지 않습니다. 오히려 지금까지 만들어왔던 사회적인 지위나 업무 경험에 대한 동료들의 존중과 회사의 인정이 한순간에 사라지게 됩니다. 그러다 보니 은퇴 초반의 많은 사람들이 자존감에 대한 상처와 인생의 공허함으로 인해 심한 우울감과 좌절감을 경험하게 됩니다.

그 과정을 최대한 빠르게 잘 극복하기 위해서는 스스로 자신의 모습을 찾아가는 연습을 하면서 진정한 자아를 직접 만들어가야 합니다. 무엇보다 자기 자신에 대해 최대한 자세히 알아야 하지만 자신에 대해 깊이 있게 알고 있는 사람은 생각보다 많지 않습니다.

회사 일과 육아 등 바쁜 일상에 쫓겨 살다 보니 막상 자신에게 소중하고 중요한 것들이나 삶의 목표에 대해 깊이 있게 생각해본 사람들이 많지 않기 때문일 것입니다.

누구나 아는 만큼 행동하고 이루어낼 수 있습니다. 우리가 은퇴 후

4050, 은퇴 준비 되셨나요?

에 어떠한 삶을 살아갈 수 있을지는 우리 자신을 얼마나 잘 알고 이해하고 있는지에 달렸습니다.

너무도 당연하고 쉬워 보이지만 다른 한편으로는 너무도 어렵고 소홀히 했던 일들입니다.

가장 중요한 것은 사회가 만들어준 허상이 아니라 내가 정말 좋아하고, 하고 싶고, 중요하다고 생각하는 것들을 찾아 진정한 자아를 만들어가는 것입니다. 그러면서 또 다른 한편으로는 현재의 자신을 돌아보면서 내가 싫어하는 것, 억지로 하고 있는 것, 내가 아닌 다른 사람에 의해 하고 있는 것들을 찾아 제거함으로써 나에게 소중하고 중요한 일들에 조금 더 집중하는 것이 필요합니다.

어렵지만 천천히 그리고 진중하게 자신을 돌아보면서 회사와 일이 아닌 자신을 모든 세상의 중심에 두고 하얀 백지 위에 내 인생, 앞으로 미래의 삶에 대한 큰 그림을 다시 그려나가는 연습이 필요합니다.

내가 그리는 그림이기에 잘못 그리면 지우개로 쓱싹 지우고 다시 그리면 그만입니다. 누군가와 비교하고 경쟁하거나, 누군가한테 허락받거나, 주변의 눈치를 살피고 신경 쓰거나 할 필요 없이 나만의 그림을 그려야 합니다.

은퇴 후 삶의 주인공은 회사가 아닌 내가 되어야 하고, 성공적인 은퇴 후의 삶을 위해서는 내가 내 인생을 결정하고 통제할 수 있는 연습이 필요합니다.

인생 후반부의 행복을 이루어내기 위해서는 삶의 목표를 분명히 하고, 구체적으로 계획하고 설계하며, 바른 방향으로 이끌어갈 수 있도록 변화를 만들어야 합니다.

그러기 위해서 가장 먼저 해야 할 일은 자신이 이루고자 하는 미래의 삶을 제대로 이해하는 것입니다.

빈 노트를 준비하고 아래 질문들에 대해 충분한 시간을 두고 고민하면서 천천히 답을 채워보세요. 충분한 여유 공간이 있는 벽면이 있다면 질문 그룹별로 커다란 전지를 붙이고 아래 질문들에 대한 답을 포스트잇에 하나씩 적으면서 붙여나가는 것도 좋습니다.

답의 개수를 제한할 필요 없이 처음에는 하고 싶은 걸 최대한 많이 적어나갑니다. 평소에 하지 않던 고민이라 원하는 수준의 아이디어나 생각이 한번에 떠오르지 않을 수 있습니다. 시간 간격을 두고 몇 번에 걸쳐 천천히 내용들을 채워봅니다.

어느 정도 아이디어가 정리되면 비슷한 것들은 그룹으로 묶어서 하나의 카테고리로 만들어줍니다.

중간 목표들과 실천 계획, 필요한 준비사항 등에 대해 우선순위를 정해서 목표 수립 날짜, 목표 달성 희망 날짜, 실제 달성 날짜를 기록하면서 진행 상황을 관리합니다.

회사의 업무처럼 미감일이 있는 것은 아니지만, 이렇게 구체적인 계획과 일정을 관리함으로써 최종 희망하는 삶의 목표를 분명히 할 수 있고, 그 목표에 조금 더 빨리 다가갈 수 있게 도울 것입니다.

이제 자신이 잘하는 것, 좋아하는 것, 하고 싶은 것, 반드시 이루고 싶은 것, 소중한 것과 자신이 잘 못하는 것, 하기 싫어하는 것 등을 고민하면서 아래 질문의 답을 정리하여 관리하면서 지속적으로 확인하고 실천합니다.

분명한 삶의 목표 정의

- 내 삶의 최우선 과제와 목표는 무엇인가?(간단명료하게)
- 이 목표가 내 삶에 있어 가장 중요한 이유는 무엇인가?

미래 모습의 상상을 통한 마인드컨트롤

- 삶의 최우선 목표를 이루었을 때 나의 미래 모습은 어떠한가?(내가 만들어가고 싶은 세상에서 나의 모습과 일상은?)
- 삶의 목표를 달성했을 때 가족과 주변의 소중한 사람들은 어떤 모습인가?

단기/중기/장기 실천 계획 수립

- 최우선 목표 달성을 위한 중간 목표들은 어떤 것들이 있는가?
- 중간 목표 달성을 위해 필요한 활동이나 행동은 무엇인가?
- 각 단계별 중간 목표는 언제까지 달성할 것인가?

목표 달성을 위한 준비 상태 확인

- 각 단계별 중간 목표를 이루기 위해 필요한 것들은 무엇인가?
- 필요한 것들 중 이미 가지고 있거나 준비된 것들은 무엇인가?
- 필요한 것들 중 추가로 획득해야 할 것들은 무엇인가?
- 목표 달성에 방해가 되는 것들은 무엇인가?
- 방해가 되는 것들은 어떻게 제거하고 차단할 것인가?
- 원하는 삶을 이루기 위해 나는 무엇을 배워야 하는가?
- 미래 삶에 대해 자문하고 배움을 구할 수 있는 사람은 누구인가?
- 내 미래 삶을 함께할 사람들은 누구인가?

목표로 삼은 것은 본인 스스로 납득하고 이해할 수 있어야 하며, 최대한 간결하고 분명한 문장으로 정리하여 항상 마음속으로 되새길 수 있게 하는 것이 좋습니다.

그리고 목표를 달성하기 위한 실천 계획과 준비사항들에 대해서는 각 질문의 답변을 취합하고 정리해서 중요도와 실현 가능성, 필요한 시기에 따라 우선순위별로 정리하고 각 세부 목표의 달성 목표 일정을 정리합니다.

다음은 자신이 잡은 목표를 마음속으로 또는 소리 내어 읽고 목표를 달성한 미래 자신의 모습과 일상을 상상해봅니다. 자신뿐 아니라 가족과 주변 사람들의 모습도 함께 상상해봅니다.

아침 명상 때나 저녁 취침 전에 목표를 달성했을 때의 미래 모습을 매일 상상해보고, 주요 활동별 진행 일정을 수시로 확인하면서 자신이 세운 구체적인 실천 계획들을 실행합니다.

물론 중간중간 세부 실천 계획들이나 심지어 목표 자체도 조금씩 바뀔 수 있고 계획보다 늦어질 수도 있습니다. 하지만 자신이 미래에 꿈꾸는 삶의 목표를 분명히 정하고, 그쪽으로 한걸음씩 나아가기 위한 세부적인 계획을 가지고 실천해간다면 분명 조금씩 조금씩 더 나은, 더 행복한 삶을 만드실 수 있을 것입니다.

위 질문으로 찾아낸 자신의 인생 목표와 인생 목표 달성을 위한 2, 3가지의 단계별 중간 목표를 정의하시고, 각각의 중간 목표 달성을 위한 세부 실천 계획을 아래 양식에 정리해서 관리해볼 수 있습니다.

나의 인생 목표

- 첫 번째 실천 목표(년   월   일까지)

  1번 중간 목표를 위한 세부 실천 과제

①	
②	
③	

- 두 번째 실천 목표(년   월   일까지)

  2번 중간 목표를 위한 세부 실천 과제

①	
②	
③	

- 세 번째 실천 목표(년   월   일까지)

  3번 중간 목표를 위한 세부 실천 과제

①	
②	
③	

나의 인생 목표 관리

CHAPTER 3

은퇴 선배들을 통해
미리 배워보기

1 ⟶ 은퇴 멘토의 필요성과 그들과의 인터뷰

인생에서 훌륭한 멘토를 둔 사람과 그렇지 않은 사람은 인생을 살아가는 마음가짐과 성장에서 상당히 큰 차이를 보입니다. 멘토가 청소년이나 사회 초년생한테만 필요한 것은 아닙니다. 중년의 나이에 은퇴를 준비하는 사람들 역시 주변 사람 또는 직접 알지 못하는 사람일지라도 중년 이후의 삶을 훌륭하게 살고 있거나, 은퇴 이후 멋진 삶을 살고 있는 사람이 있다면 그런 사람을 거울로 삼아 그들의 경험과 태도를 배울 수 있습니다.

분명 나보다 먼저 이런 고민을 했던 사람들이 있을 것이라 생각했습니다. 그런 은퇴 선배들은 어떤 계기로 은퇴를 결심했는지, 그리고 어떻게 은퇴를 준비했고 지금은 어떻게 지내고 있는지 궁금해졌습니다.

개인마다 다양한 은퇴 이유와 현재의 삶이 있겠지만, '30대에 은퇴를 결정한 후 독립적인 생활을 하는 경우', '정년을 앞두고 중년에 조기 은퇴한 경우', '정년퇴직 이후에도 계속해서 직장생활을 하는 경우', '아직 퇴직은 안 했지만 조만간 은퇴를 준비하고 있는 경우'의 4가지 유형을 정해보았습니다.

그리고 각각의 유형에 대해 은퇴 경험을 나누어주실 분들을 세심하게 물색해서 선택한 후, 한 분씩 인터뷰를 진행하면서 그분들의 생생한 경험을 들어보기로 했습니다.

그분들의 경험을 공유받음으로써 시행착오는 줄이면서도 성공적인 은퇴를 설계할 수 있을 것이라는 부푼 기대를 안고 인터뷰를 진행하였습니다.

인터뷰에 응해주시고 솔직한 의견 나누어주셨던 분들께 다시 한번 감사의 말씀을 드리고 싶습니다.

인터뷰에 응해주신 분들의 사생활 보호를 위해 이름의 이니셜만 사용했지만, 인터뷰에서 나누어주셨던 은퇴 경험들은 최대한 진솔하게 사실 그대로 담아내려고 노력하였습니다.

2 ——→ 30대에 직장을 떠나 자신의 삶을 살아가고 있는 G씨

- 현재 나이와 하고 있는 일에 대해 간단히 설명 부탁드립니다.

1977년생이고, 한국 나이로 올해 마흔여섯이에요.

운영하고 있는 법인회사가 두 개 있긴 한데, 지금 하고 있는 일을 딱 잘라서 무엇이라고 정의하기는 애매하긴 하네요. 법인 두 개가 모두 1인 기업인데, 몇 년 전부터 마이크로 스타트업을 추구하고 있어요. 많은 사람들을 채용해서 회사의 규모를 키우기보다는 제가 하고 싶은 일들을 즐기면서 재미있게 할 수 있는 마이크로 스타트업 형태를 지향하고 있어요.

예전에는 혼자 할 수 있는 일은 없고 여러 사람들이 힘을 합쳐 같이 해야 한다는 생각이 많았고, 실제로도 그런 형태의 비즈니스가 일반적이었어요. 그런데 요즘은 분야별 전문성을 가지고 개인법인으로 일하시는 분들도 굉장히 많기 때문에 저 역시 혼자 하더라도 그런 분들과 협업만 잘하면 충분히 멋지고 훌륭한 일들을 만들어낼 수 있다고 생각하고 있어요.

이전에 회사를 한참 키우면서 운영했을 때는 직원들이 꽤 많을 때도 있었어요. 그때는 제가 오너로서 직원들을 직접 책임져야 하는 상황이라 직원들의 성장과 복지 등 모든 것에 대해서 하나하나 신경 쓰고 고민하고 챙겨야 했어요. 그러다 보니 오히려 제 자신이 성장하고 즐길 수 있는 시간은 턱없이 부족해진다는 것을 많이 깨달았어요.

그래서 지금은 규모를 키우기보다는 1인 기업으로 제가 하고 싶은 일에 집중해서 재미있게 실컷 하면서도, 저한테 필요한 다른 일들은 또 다른 전문가들과 함께 협업하는 것이 좋겠다고 생각해서 지금은 그렇게 일을 하고 있어요.

그런 회사가 두 개인데, 하나는 이전부터 운영해왔던 기업 컨설팅과 소프트웨어 개발 쪽을 하고 있고 다른 하나는 유튜브 크리에이터 일을 하고 있어요.

이전에는 해외 출장을 워낙에 많이 다녔었는데, 코로나 이후로는 해외를 아예 못 나가게 되면서 갑자기 시간이 많이 생겼어요. 시간이 많아지면서 생각도 많아지게 되더라고요. 거기다 나이까지 마흔을 넘기면서 삶에 대한 생각들도 많이 바뀐 것 같아요. 앞으로의 삶을 어떻게 잘 살아가고 잘 마무리할 수 있을지에 대한 생각들이 많아지게 되었어요. 한 사회에서 어른이란 어떤 모습이고, 내가 어른으로서 할 수 있는 일은 무엇일까 하는 고민과 함께, 어른으로서의 삶을 살아야겠다는 생각을 굉장히 많이 했어요. 그래도 이 업계에서는 정말 열심히 살아왔는데, 나의 기술과 경험을 후배들한테 나누어주는 게 내가 사회의 일원으로서, 어른으로서 해야 할 역할 중 하나라고 생각하면서 유튜브를 시작하게 됐어요.

유튜브를 시작하고 첫 강의 영상을 올렸는데 굉장히 많은 청년들이 댓글을 달아줬어요. "너무 필요한 거였는데 알려줘서 고맙다", "굉장히 힘이 된다", "너무 도움이 됐다", "저도 열심히 살아볼래요" 등 올려준 댓글을 보면서 오히려 제가 훨씬 더 큰 기쁨과 감동을 받을 수 있었어요. 그런 수많은 댓글을 보면서, 남은 인생 동안 여러 가지 일을 해야겠지만 그중에서도 반드시 해야 할 일 한 가지는 내가 알고 있는 경험과 지식을 나누는 일이라고 생각했고, 그 일을 절대 소홀히 하지 말아야겠다는 생각을 많이 하게 됐어요. 이제 유튜브를 시작한 지 1년 8개월 됐고 계속해서 영상을 올리고 있어요. 1년 8개월 동안 200개가 넘는 영상을 올렸는데 정말 많이 올린 거죠. 유튜브 영상을 올리면서 청년들을 대상으로 IT 프로젝트를 기획하고 완성하는 과정에 대한 무료 교육 프로그램도 세 번이나 운영했어요. 6개월짜리 한 번과 3개월짜리 두 번을 진행했고, 전국에 있는 청년들과 심지어 해외에 있는 청년들까지 참여를 했어요.

유튜브 콘텐츠를 만들고 제가 알고 있는 지식을 전달하면서 들었던 생각은 유튜브 말고도 책을 써서 전달하는 것도 필요하겠다는 생각이 들었어요. 그래서 작년 한 해 동안 다섯 권의 책을 써서 출판을 했어요. 출판해준 출판사 역사상 한 명의 작가 기준으로 한 해에 가장 많은 책을 출판한 케이스라고 하더라고요. 보통은 편집자 한 명이 저자한 명한테 배정이 되는데, 저는 거의 같은 시기에 다섯 명의 편집자가 붙어서 작업을 했기 때문에 출판사에서도 조금은 놀랐던 것 같아요. 유튜브와 출판을 통해 인생이 많이 바뀐 것 같아요. 글을 쓰는 즐거움도 굉장히 많이 알게 되었고, 제가 알고 있는 지식을 나누는 즐거움도 많이 알게 되었어요.

이전에 직장생활을 할 때는 제가 하던 분야의 기술에 대해서는 국내에서 손가락에 꼽힐 정도로 잘했다고 생각해요. 그렇다 보니 저랑 일해본 경험이 있는 사람들은 저의 실력과 가치를 충분히 인정해줬어요. 회사를 나와 혼자 일하면서도 수많은 고객들을 만나면서 일을 해왔는데, 그 고객들한테 이전 기준으로 "저는 한 달에 이 정도의 컨설팅 비용이 아니면 일을 못 해요"라고 말을 하면 거의 대부분의 경우 첫 번째 반응은 "왜 이렇게 비싸요?"였어요. 같이 일해본 사람들이야 당연히 제 실력을 알아주겠지만, 그렇지 않은 사람들한테는 "저는 이런 일도 해봤고요, 저런 일도 해봤고요"라고 아무리 설명을 해봤자 그 사람들은 "그걸 어떻게 알아요?", "그걸 어떻게 믿어요?", "어떻게 그걸 증명할 수 있어요?"라는 반응이 대부분이었어요. 그런 상황에서 제 가치를 증명하기 위해서는 정말 많은 노력과 시간이 필요하고, 그들을 이해시키는 것도 쉽지 않았어요.

그런데 제가 유튜브를 시작하고 책도 다섯 권 이상을 출판한 이후로는 똑같이 고객을 만나서 "저는 이 정도 금액이 아니면 일을 못 해요"라고 말을 하면 기존에는 "왜 이렇게 비싸요?"가 자동으로 나왔는데, 지금은 "비쌀 줄 알았어요!"로 반응이 완전히 바뀌었어요. 왜냐하면 그전에는 '나는 이런 사람이다'라고 구구절절 말로 설명하고 설득해야 했다면, 지금은 저를 증명할 수 있는 유튜브의 영상들과 책이 있고, 저한테 연락하는 사람들 대부분은 이미 그걸 알고 연락하는 사람들이기 때문에 제 가치를 증명하는 것이 훨씬 편해진 거죠. 제 자신에 대한 퍼스널 브랜드가 굉장히 강해졌어요.

주변 지인들이 저희 둘째 딸한테 "아빠는 어떤 일 하시니?"라고 물어보면 저희 딸이 이렇게 대답한대요. "잘은 모르겠는데요. 유튜버라고 해야 하나, 작가라고 해야 하나, 아빠는 자기가 개발자라고도 하던데…"

그래서 누군가 제가 하는 일이 뭐냐고 물어본다면, 저는 콘텐츠 크리에이터라고 이야기하고 싶어요. 미래에는 콘텐츠를 잡고 있는 사람이 살아남을 것으로 생각하고 있어요. 점점 더 기술 자체보다는 콘텐츠가 훨씬 더 중요해질 것으로 보고 있고, 그래서 저는 제가 하고 있는 모든 활동들에서 콘텐츠를 생산하려고 노력하는, 콘텐츠 크리에이터로서의 삶을 살고 있다고 봐요. 유튜브도 마찬가지고, 출판도 마찬가지고, 컨설팅도 마찬가지고, 개발도 마찬가지고, 모든 게 저의 콘텐츠 소재가 되는 것 같아요.

오늘도 새벽 4시 30분에 일어나서 유튜브 라이브를 촬영했어요. 오늘이 12일째인데, 지금 100일 챌린지를 하고 있거든요. 매일 새벽 5시부터 유튜브 라이브로 2시간씩 책을 쓰면서 그걸 라이브로 생중계하고 있어요. 그렇게 100일 뒤에는 책이 한 권 나올 거예요. 이왕 책을 쓰면서 새벽 5시라는 시간을 정하고, 유튜브 라이브라는 걸 결합해서 집필 활동의 모든 과정을 다시 콘텐츠화하는 거죠. 책만 콘텐츠가 되는 것이 아니라, 책을 쓰는 과정조차도 콘텐츠가 되는 거죠. 단적인 예시이기는 하지만 저는 지금 그런 삶을 살고 있고 그런 일들을 하고 있어요.

- 젊은 나이에 직장을 그만두셨는데 그만둔 이유나 배경이 있었나요?

지금부터 7, 8년 전에 직장생활은 그만뒀어요.

당시 나이로 서른여덟 살 되던 해 8월까지 다니고 그만뒀는데, 다니던 직장에서 사장님 바로 아래의 직급까지 올라갔었어요. 다른 사람들보다 훨씬 어린 나이에 상당히 빠르게 승진을 했어요. 그 회사에 처음 입사했을 때는 저보다 경력이나 직급이 높으신 분들이 상당히 많이 있었어요. 더구나 저는 그분들보다 회사 입사도 훨씬 늦었는데도, 입사하고 3년 만에 사장님 바로 아래까지 올라갔으니까 정말 빨리 승진을 한 거였어요. 연봉도 당시 기준으로 소프트웨어 개발자들 중에서는 굉장히 높게 받고 있었어요. 그러다 보니 언젠가부터 제가 그 회사에서 하는 일이 맨날 제안서 쓰고, 제안 발표하고, 사람 뽑아서 관리하고, 이런 일들만 하고 있는 거예요. 저는 기본적으로 낯설고 새로운 걸 굉장히 좋아하고, 반대로 익숙한 게 생기면 굉장히 두려워하는 사람이에요. 낯선 것을 두려워하는 게 아니고 익숙한 걸 두려워하는 사람인데, 그런 생활을 1, 2년 하다 보니 그 삶에 점점 익숙해지는 거예요. 출근을 하든 말든 아무도 신경 쓰지 않고, 제가 퇴근을 몇 시에 하든 저를 터치하는 사람도 아무도 없는 거예요. 그때 제가 서른여덟이었는데, '내가 이런 편한 삶을 살면서 1년이 더 지나서 마흔이 된 순간에도 계속해서 이렇게 살고 있다면, 나는 평생 이렇게 살 것이다. 도저히 그렇게는 못 하겠다'라는 생각과 함께, 이 삶에 익숙해진 상태에서 나이의 앞자리가 4로 바뀌게 되면 평생을 그렇게 살 것 같다는 두려움이 밀려왔어요. 그런 편하고 익숙한 삶으로 평생을 살아가야 할 수도 있다는 것이 너무 두려웠던 거죠. 그래서 그때 아내한테 무작정 그만두겠다고 이야기했어요. 그만두고 뭘 할지 고민해본 적도 없었고, 다른 직장은 물론이거니와 단기 프리랜서 같은 일도 알아보지 않고 아무런 대책 없이 그냥 그만두었어요.

아내한테 많이 미안했는데, 아무 말 없이 그냥 알았다고 넘겨줬던 아내가 정말 고마웠어요. 쿨하게 아무런 말도 없이 그냥 알았다고 해주더라고요.

- 그렇게 아무런 준비 없이 갑자기 그만두게 되면 퇴사 후의 생활이 막막했을 것 같은데, 어떻게 해결하셨나요?

직장을 나오면서 받았던, 얼마 안 되는 퇴직금으로 3개월 정도 놀다 보니 돈이 금방 다 떨어지고 이제는 뭔가 해야만 하는 상황이 오더라고요. 그때서야 '이젠 뭘 해야 하지?'라는 고민을 하게 되었는데, 뭘 할지 고민하다 보니 생각이 한도 끝도 없더라고요. 그래서 그냥 단순하게 '내가 지금 당장 바로 할 수 있는 일을 해보자'라고 생각했어요. 직장을 그만두기 바로 전인 서른일곱 살 초부터 국내에서는 거의 최초로 기업용 어플리케이션의 반응형 웹 관련 기술을 남들보다 먼저 공부했어요. 당시 제가 가장 경쟁력 있고 잘할 수 있는 것이 반응형 웹 개발이었는데, 그걸로 뭔가를 해보자고 생각해서 기업용 반응형 웹 컴포넌트를 만들어서 제공하는 사이트를 만들었고, 그게 대박까지는 아니었지만 중박 정도로 터져주었어요.

그 사이트와 개발해둔 컴포넌트들이 해외의 지멘스, 존슨앤존스나 국내의 삼성이나 현대와 같은 여러 대기업들에 팔리면서 그걸로 2~3년 동안은 안정적인 수익이 만들어졌어요. 그때부터 아이들을 데리고 가족들 모두가 해외여행을 다니기 시작한 거예요.

운이 좋게도 그런 기회가 있었기에 저는 퇴직 이후의 초기 스타트가 다른 사람들에 비해 조금은 수월했던 것 같아요.

당시에 반응형 웹이라는 기술이 한참 조명을 받을 때였고, 전문 사이트를 만들어 제가 개발해뒀던 컴포넌트들을 팔면서 꽤 많은 수입이 들어왔어요. 심지어 핀란드, 영국, 인도, 터키, 독일 등 해외에 있는 유수의 회사들로부터 정말 많은 프로젝트 의뢰를 받았어요.

그분들은 제가 운영하던 사이트가 개인이 운영하는 사이트일 거라고는 전혀 생각하지 못했고, 프로젝트와 기술 지원이 가능한, 전문 인력을 보유한 규모 있는 회사일 것으로 생각하고 있었던 거죠. 그러다 보니 굉장히 큰 대규모 프로젝트 요청이 많이 들어왔지만, 실제는 저 혼자서 개발해서 운영하고 있었기 때문에 그런 대규모 프로젝트를 받아서 수행할 수는 없었어요. 혼자 운영한다는 말은 차마 못 했고, 회사에 일이 너무 많이 밀려서 당장은 프로젝트 수행이 힘들다고 양해를 구하면서 대부분의 요청은 거절할 수밖에 없었어요.

- 회사를 그만둘 때 고민이 상당히 많았을 텐데, 직장생활을 그만두 겠다고 결심하는 과정에서 가장 크게 고민되었던 부분은 무엇이 었나요?

직장을 그만둘 당시 아이가 둘이었기 때문에 가족 부양에 대한 부담이 당연히 있었어요. 제가 어렸을 때 상당히 불우하게 살았기 때문에 결혼할 때 빚이 정말 많았고, 회사를 그만둘 때도 빚이 엄청 많았어요. 제가 진 빚은 아니었고 집에서 진 빚을 제가 갚고 있는 상황이었어요. 계속해서 빚을 갚다 보니 따로 모아둔 돈도 거의 없었고, 갚을 빚도 여전히 남아 있는 상황이었던 거죠. 그런데 저는 그런 것보다는 제 남은 인생, 앞으로 몇십 년을 더 살지는 모르겠지만 저는 평생 도전하는 삶을 살아왔고 새로운 걸 좋아했던 사람인데 남은 인생을 내가 이렇게 익숙해진 채 살아간다고 상상했을 때 오히려 그게 더 무섭고 두려웠어요. 그래서 직장을 그만두겠다고 결정하는 것 자체는 사실 어렵지 않았고 오히려 쉬웠어요.

- 회사를 나와 독립하는 과정은 처음 경험해보는 새로운 여정이었을 텐데, 독립해 나가는 과정에서 가장 힘든 점은 무엇이었나요?

사람이 제일 어려웠어요. 몇 번의 기회가 오면서 대규모 프로젝트를 수주하고 진행하기 위해 조직을 셋팅하고 사람을 뽑으면서 회사를 키워갔어요. 그런데 회사 사람들이 모두 제 마음 같지가 않더라고요. 저랑 비슷한 목표와 방향을 가지면서 똑같은 결정과 똑같은 생각을 품고 있는 사람을 아직까지 만나보지 못했어요. 그게 제일 아쉽고 힘들었어요. 그렇기 때문에 뭔가를 더 크게 펼쳐보지 못했어요.

직원들을 한참 뽑을 때 입사하는 직원들 모두가 굉장히 훌륭한 엔지니어이자 개발자들이었어요. 주로 카카오나 엔씨소프트와 같은 훌륭한 회사에서 근무했던 좋은 개발자들이 많았는데, 그 친구들이 제주도에 내려와서 사는 이유가 뭐였겠어요. 여유롭게 살고 싶어서 제주도로 내려온 사람들이에요. 새로운 도전을 하고 싶어 하지 않고, 열정을 내고 싶어 하지 않는 거예요. 생각해보니 그런 열정이 있다면 아마도 서울에 계속 있었겠죠. 그런 사람들이 모이니까 일이 진행이 안 되더라고요. 몇 개월 동안은 그 사람들한테 다시 열정을 불어넣고, 마인드셋을 바꿔보려고 정말 할 수 있는 모든 노력을 기울여도 봤는데 도저히 불가능하다는 걸 깨달았어요. 이런 식으로는 아무리 해도 안 되겠다 싶어서 14명까지 뽑다가 다시 줄여나가기 시작했어요. 아무리 해도 안 되는 일에 이렇게까지 나의 에너지와 시간을 쏟을 바에는 차라리 생각을 바꾸기로 한 거죠. 오히려 그 시간에 나의 퍼스널 브랜드 가치를 높이고, 내가 만들 수 있는 것들을 만들고, 내가 좋아하는 일들을 하면서, 가족들과도 조금 더 많은 시간을 보내는 쪽으로 생각을 바꾸었어요. 그렇게 생각과 생활을 바꾼 이후로는 일도 훨씬 재미있게 하고 있고 아이들과도 벌써 15개국 이상에 여행을 다녀왔어요. 아무리 못해도 1년에 두 번 정도, 한번 나가면 3개월간 해외여행을 다니고 있어요.

제가 만약에 직원이 많고 규모가 큰 회사를 운영하고 있었다면, 회사 경영 때문에 3개월씩 가족들과 해외여행 다니는 것은 사실 불가능했을 거예요. 회사를 키우는 것보다는 가족과 함께하는 삶에 더 높은 가치를 두고 우선으로 선택했던 거죠. 그런 삶을 위해서는 현재 운영하는 회사를 키울 수가 없었어요. 그리고 저는 기본적으로 항상 새로운 것에 재미를 느끼는데, 계속해서 새로운 일을 찾으면서 재미있게 일을 하기 위해서도 조직은 작아야 한다고 생각했어요. 그런 식으로 8년 사이에 돈을 많이 벌어도 보고, 돈이 생기면 재미있어 보이는 새로운 일에 도전해서 말아먹기도 하면서, 계속해서 그런 삶을 살고 있어요. 제 삶에 있어서는 경제적인 부분보다는 그런 일들이 훨씬 더 큰 의미와 가치가 있고, 그런 과정에서 제가 많은 것을 배우고 성장한다고 느낄 수 있어서 그런 것 같아요.

- 회사를 그만두면서 급여라는 고정 수입이 사라졌을 텐데, 경제적인 부분에 대한 걱정은 없는지, 그리고 어떻게 해결하고 있는지 설명 부탁드려요.

지금 회사를 운영하고 있으니까 급여가 있긴 해요. 1인 기업이지만 법인이라 급여는 있어요. 다만 제가 못 벌어오는 경우는 회사에 돈이 없어서 저한테 줄 급여가 없긴 하죠.

경제적인 부분에 대해서는 사실 매일이 걱정스럽긴 해요. 어떨 때는 수익이 없으니까 개인 돈을 회사의 가수금으로 넣어두고, 그걸로 급여를 받으면서 몇 개월을 지낸 적도 있어요. 그런데 벌어야겠다고 마음만 먹으면 언제라도 일을 구해서 프로젝트를 하면서 돈은 얼마든지 벌 수 있다고 생각해요.

그런데 제가 하고 싶지 않은 일은 최소화하려고 많이 노력하고 있어요. 작정하고 프로젝트만 계속 한다면 돈은 얼마든지 벌 수 있겠지만, 오히려 어떻게 하면 내 생활에서 돈 버는 활동들을 줄여나갈 수 있을까에 대한 생각들도 많이 하고 있어요. 실제로 최근 2년 동안은 생계를 유지하기 위한 경제 활동은 최소한으로 하고 있어요. 오히려 나머지 대부분의 시간은 책을 쓰거나 유튜브 콘텐츠를 만들면서 저의 퍼스널 브랜드 가치를 높이는 일에 집중하고 있고, 그쪽 시간을 계속해서 늘려가고 있어요. 물론 나중에는 이런 콘텐츠들을 기반으로 또 다른 새로운 걸 시작하려고 계획하는 것도 있긴 해요.

다행스럽게도 개인적인 퍼스널 브랜드 가치가 올라가면서 기업 강의 의뢰들이 조금씩 들어오고 있어요.

그런데 그런 종류의 일들은 1년 중에 언제, 얼마나, 몇 번이 들어올지 계획을 세우기가 힘들어요. 그렇다 보니 사실 경제적인 부분에서는 많이 불안하긴 하죠. 예를 들이, 1년 정도는 수입이 없어도 비틸 수 있을 것으로 예상을 하고 있는데, 1년 이후에도 계속해서 수입이 없다면 그때는 정말 힘들어지겠죠. 하지만 저는 1년 뒤라는 것은 지금이 아닌 나중이라고 생각하는 사람이에요. "지금 내가 하고자 하는 일에 최선을 다해 열심히 살다 보면 앞으로의 길은 열릴 것이다"라고 스스로 주문을 외우고 있어요. 작년만 하더라도 상반기까지는 돈을 벌기 위한 경제 활동은 전혀 하지 않았어요. 실제로 벌이도 전혀 없었고요. 아내한테도 생활을 위한 급여를 하나도 못 가져다준 거죠. 그런데 하반기에 여러 권의 책을 출판한 이후, 기업이나 교육기관에서 강의 요청이 들어오고 컨설팅 의뢰들도 꽤 들어왔어요. 기업 강의의 경우 1주일만 하면 1,200만 원 정도를 받는데, 작년 하반기에는 그런 강의를 몇 개월을 했어요. 그런 거 몇 개만 해도, 예를 들어 6주만 해도 7,000에서 8,000만 원 정도 되니까 거의 연봉 1억에 해당하는 수입이 되는 거죠.

제가 투자하는 시간 대비 수입으로 계산해보면 일반적인 직장인들보다 훨씬 많이 벌 수 있었던 거죠.

올해를 시작하면서 1, 2월에도 괜찮은 비즈니스 기회들이 몇 개 있었는데 제가 먼저 거절을 했어요. 이전 회사 사장님도 일을 하나 해달라고 제안을 주셨는데, 그 일을 맡아서 6개월만 하면 올해 나머지 6개월은 경제적인 걱정 없이 편하게 지낼 수도 있었겠지만 거절을 했어요.

지금은 돈뿐만 아니라 이 일이 나의 성장과 발전에 얼마나 도움이 되는지를 가장 중요하게 생각하면서 일을 선택하고 결정하고 있어요.

그러다 보니 지금이 3월인데 올해도 아직까지는 돈을 번 게 전혀 없어요. 그래도 사람이다 보니 걱정이 되기는 해요. 그래서 올해 6월까지도 경제적인 수입이 없다면, 그때는 돈 되는 일을 어떻게든 찾아서 하려고 하고 있어요. 그런데 그 사이에 개인적인 성장에 도움이 되면서 경제적인 결과로도 이어질 수 있는 뭔가가 생길 거라고 생각하고 있어요. 강의 요청 의뢰도 있는데, 앞에서 말한 것처럼 기업 강의가 몇 주만 잡혀도 생활하는 데는 전혀 지장이 없어요.

- 아내 분은 일을 하시나요? 아이들을 키우면서 남편이 몇 달 동안이나 돈을 못 벌어오면 많이 불안할 텐데 어떠신가요?

아내는 결혼 이후로 계속 전업주부로 지내고 있어요. 그리고 금전적인 부분에 대한 요구나 부족한 티를 전혀 내지 않아요. 고맙기도 하지만, 한편으로는 '몇 달 이렇게 안 가져와도 한번에 많이 벌어다주겠지'라는 생각을 하고 있는 것 같기도 해요. 그동안 그렇게 해왔으니까 충분히 그렇게 생각할 수 있을 것 같아요. 그리고 아내 입장에서는 남편이 여러 권의 책을 써서 출판도 하고, 올해 MBS라는 유명한 경영자 독서 모임에 저자로 초청도 되고 여기저기 알려지면서 사실 남편에 대해 조금은 뿌듯해하고 자랑스러워하는 것 같아요.

- 지금 제주도에서 지내고 계신데, 제주도 생활의 만족도는 어떤가요?

가족들 모두 만족도는 너무 좋아요. 무엇보다도 아이들이 너무 행복하게 잘 지내요. 기본적으로 학업 스트레스가 거의 없어요. 서울과는 비교할 수 없을 정도예요. 아이들이 다니는 학교는 한 학년에 두 반밖에 없는 거의 시골 분교 수준이에요. 저희 애들도 사교육은 전혀 받지 않고 있는데, 학교 친구들도 학원이라는 데를 거의 다니지 않는 그런 시골 학교예요.

그리고 제주도는 바다든 오름이든 산이든 가고 싶은 곳에 언제든지 갈 수 있는 자연환경도 가지고 있어서 아이들의 행복이나 정서 발전에는 최적의 장소인 것 같아요.

사실 제가 어릴 때도 그랬는데, 앞으로 미래 사회에서 가장 중요한 것은 체력, 예술, 창의력이 될 것으로 보고 있어요. 그리고 거기에 IT 기술이 접목될 때 최고의 시너지가 나올 수 있다고 생각해요. 마지막 IT 기술은 어느 누구보다 제가 직접 우리 아이들한테 제대로 가르쳐줄 수 있는 것이고, 앞의 세 가지를 경험하고 배우기에는 제주도만큼 좋은 환경이 없는 것 같아요.

- 이전에 회사를 다닐 때에 비해 현재 독립을 이룬 이후에는 아이들이나 가족들과의 관계에서 어떤 부분이 어떻게 바뀌었나요?

　이전에 회사 다닐 때는 해외 프로젝트 지원으로 매년 6개월 이상은 해외에 나가 있었어요. 회사를 그만두고도 처음 3, 4년 동안은 계속 출장을 다녀야 했어요. 그러다 보니 첫째랑 둘째가 어렸을 때는 같이 있어주지 못한 시간들이 많아서 항상 미안한 마음이 커요. 지금 막내는 많이 어린데, 저한테 막내는 제가 아빠로서 못 했던 것들을 보상해줄 대상이 되는 그런 느낌이 있어요. 지금은 제가 제 일을 만들고 제 시간을 조절하는 것이 가능하기 때문에 가족들과 함께 보내고 싶은 시간이 있다면 제 노력과 의지만으로도 그런 시간을 만들어낼 수 있게 되었어요. 회사에 소속되어 있다면 아무리 계획을 세우고 노력을 한다고 해도 가족과 보낼 수 있는 시간을 제 마음대로 정한다는 것이 절대 쉽지 않죠. 그런 면에 있어서는 제가 선택할 수 있는 선택의 영역이 많이 넓어진 것 같아요. 이전에는 제 의지만으로는 선택할 수 없었던 많은 것들이 지금은 제 선택에 의해서 바꿀 수 있게 된 거죠. 예를 들면, 돈을 더 벌 수도 있겠지만 내가 얼마의 돈을 포기한다면 아이들과 보낼 수 있는 시간을 더 많이 가질 수 있는 거죠.

어떤 선택을 할 때, 그 선택의 주권이 저한테 있다는 것이 회사를 다닐 때와는 너무 달라진 것 같아요. 물론 그만큼 책임감도 따르지만 그래도 삶에서 선택의 주권이 저한테 있다는 것은 굉장히 좋은 거라고 생각해요.

- 새벽부터 활동을 한다고 하셨는데, 남들보다 빠른 시간에 하루를 시작하시는 이유가 있나요?

저는 하루에 5시간 이상은 잠을 자지 않아요. 보통은 4시간에서 5시간 사이 정도를 자요.

지금은 매일 새벽 4시 30분에 일어나서 책을 쓰는 100일 챌린지도 하고 있어요. 직장을 그만두기 전까지 다녔던, 직전 회사는 9년을 다녔어요. 그때도 9년 동안 단 하루도 거르지 않고 새벽 다섯 시에 일어났고, 회사에는 항상 제일 먼저 출근을 했어요. 그렇게 했던 이유는 회사에 있는 일과 시간 동안은 제 시간이 아니고, 집에 오면 아이들이 있으니까 또 온전히 제 시간을 가지기 어려웠기 때문이었어요. 저는 제 시간이 없으면 제 삶이 없다고 생각을 해요. 그래서 나만의 시간을 만들 수 있는 유일한 시간은 남들이 일어나지 않은 새벽 시간이라고 생각했어요. 그래서 일부러 일찍 회사에 나갔어요. 새벽 다섯 시에 일어나서 회사에 출근하면 보통 6시 30분 정도 돼요. 그때부터 다른 직원들이 출근하기 전까지 2시간 이상의 시간은 온전히 저만의 시간으로 보낼 수 있게 되는 거죠. 그 2시간 동안 집중해서 공부를 하는 경우도 있지만, 아무 생각 없이 넋 놓고 모니터만 들여다보고 있는 경우도 많앉어요. 그런데 그런 시간조차도 제가 만든 나만의 자유시간으로 보내는 거라 그냥 흘려보내는 시간과는 느낌이 많이 달랐던 것 같아요.

요즘 미라클 모닝에 대해 이야기하는 사람들이 많잖아요. 저는 미라클 모닝을 100% 신뢰하는 사람이거든요. 직장생활을 하면서 직급이 올라가다 보면 저녁에 뜻하지 않은 모임과 약속, 집안 행사 같은 갑작스러운 일들이 점점 많아질 수밖에 없어요. 그렇다 보니 이번 주에는 어떤 일을 시작하고, 어떤 공부를 하고, 어떤 일을 마무리해야겠다고 아무리 꼼꼼하게 계획을 잡더라도 갑자기 생기는 저녁 약속으로 인해 그 일들을 내일로 미룰 수밖에 없는 상황들이 계속해서 발생하게 돼요. 그런데 저는 새벽에 일어나서 일하기 시작하면서 다른 사람들보다 그런 면에서는 훨씬 앞서갈 수 있었다고 생각해요. 그날 가장 중요한 일들은 새벽 시간에 집중해서 가장 먼저 끝내버리거든요. 그리고 나면 그 이후 시간들은 저한테는 덤으로 주어지는 시간이 돼요. 저녁에 외부 약속이 없다면 그 시간 동안 쉴 수도 있고, 아니면 그 시간에 다른 공부를 하면서 남들보다 앞서갈 수도 있었던 거죠. 제가 나름 이 분야에서 인정받을 수 있었던 것은 그렇게 남들보다 일찍 일어나서 열심히 살아왔기 때문이라고 생각하고 있고, 지금도 똑같다고 생각해요. 가족들과 많은 시간을 보내고 있지만, 지금도 유일하게 제가 방해받지 않는 시간은 바로 그 새벽 시간이에요.

- 직장생활을 그만둔 이후 아쉬웠던 적은 없었나요?

이전 직장을 그만두고 아쉬웠던 적은 단 한번도 없었어요. 그런데 제가 이 분야에서 일을 계속 하다 보니 유명한 회사를 다니고 있거나, 아니면 그런 회사 출신인 사람들을 자주 만나게 돼요. 예를 들어 요즘 개발자들이 가장 가고 싶어 하는 회사들, 소위 네카쿠라배(네이버, 카카오, 쿠팡, 라인, 배달의민족) 같은 회사들이겠죠.

그런 사람들을 만나면서 "만약에 내가 그런 회사를 다녔으면 어땠을까?", "내 커리어는 어떻게 바뀌었을까?"라는 생각들을 해본 적은 있어요. 왜냐하면 많은 사람들이 그런 회사 출신의 개발자들은 무조건 최고라고 생각하는 경우가 많거든요. 제 스스로 그런 회사 출신 사람들이나, 지금 그런 회사에 다니고 있는 사람들보다 제 실력이 부족하다고 생각해본 적이 단 한번도 없어요. 그런데 그런 회사 출신이 아니라고 하면, 혹은 대기업 출신이 아니라고 하면 사람들이 바라보는 시선에 조금은 안 좋은 선입견이 분명 있고, 약간은 불리한 조건에서 대화를 해야 하는 경우도 있더라고요.

그래서 가끔은 이전에 직장생활 하는 동안 글로벌 기업이나 유명한 테크 회사를 다녀봤어야 했나 하는 생각이 들기도 하고, 지금도 가끔씩 그런 게 조금 아쉽긴 해요. 물론 지금이라도 그런 회사에 가고자 한다면 얼마든지 갈 수 있다고 생각은 하지만 다시 직장생활로 돌아가고 싶지는 않거든요. 이전 회사에 대한 아쉬움은 전혀 없지만, 직장생활을 하고 있었을 때 글로벌 기업이나 국내 테크 기업에서 일을 못 해본, 그런 조직문화를 경험해보지 못한 것에 대한 약간의 아쉬움은 있어요.

- 아이들이 아직 어릴 텐데 직장생활을 그만두고 제주도로 가면서 아이들의 교육에 대한 걱정은 없었나요?

저는 아이들을 계속 놀게 하면서 키우고 싶었는데, 그런 점에서 제주도는 아이들이 놀기에 너무 좋아요. 첫째가 올해 14살인데 중학교를 안 가고 집에서 홈스쿨링을 하고 있고, 거의 매일같이 제 사무실로 같이 출근하고 있어요.

아내는 아이들 엄마이다 보니 주변 친구들의 이야기도 듣고, 아무래도 보통의 아이들과는 전혀 다른 방식으로 아이들을 키우고 있다 보니 처음에는 걱정이 많았어요.

그런데 저는 이전부터 아이들을 위한 교육철학이 있었고, 아이들이 많이 어렸을 때부터 수년에 걸쳐서 아내한테 아이들의 육아 방식에 대해 설명을 하고 같이 이야기도 많이 나누었어요.

그리고 아이들이 어렸을 때 온 가족이 해외여행을 자주 다녔는데, 아이들과 함께 다양한 나라를 경험하고 보게 되면서 아내도 생각이 많이 바뀌게 된 것 같아요. 또 하나는 제가 워낙 새로운 기술에 빠른 사람이다 보니 미래의 디지털 세상에서는 어떤 인재가 필요할지와 정규교육이 얼마나 의미 없는지 등에 대해서 평상시에 자주 이야기하고 있어요. 여전히 불안해하는 것도 남아 있지만, 지금은 온 가족이 자주 여행 다니면서 홈스쿨링하는 방식으로 아이들을 키우는 것에 상당히 많이 공감해주고 있어요.

- 요즘 젊은 사람들 중에 코인, NFT 등으로 대박이 나서 파이어족 되겠다고 꿈꾸는 사람들이 많이 있는데, 30대에 먼저 은퇴를 경험 해본 사람으로서 그런 사람들에게 해주고 싶은 조언이 있을까요?

제가 진행하는 유튜브 라이브에서 "그런 식으로 대박 낸 친구들은 정말 극소수이고, 그런 자극적인 경우들을 찾아서 기사로 내보내는 거고, 그런 기사조차도 온전히 믿을 수 있는 내용도 아니다"라는 이야기를 자주 해요.

NFT가 요즘 젊은 친구들한테는 워낙에 핫한 주제이다보니 NFT를 빗대어서 "Non-Fungible Token을 사서 대박 낼 생각을 하지 말고, Non-Fungible Person이 되려고 노력해야 된다. 대체 불가능한 사람이 되기 위한 삶을 살아야 된다"라고 이야기를 해주고 있어요.

NFT가 아니가 NFP가 되라는 말을 많이 해요.

- 직장생활을 그만둔 지 8년이 넘었고, 이제 나름 자신만의 삶의 방식을 찾으신 것 같아요. 그런 자신만의 삶을 만들어오면서 경험한 것들 중에 나누어줄 만한 나만의 노하우나 팁이 있을까요?

우선 저는 제가 세상에서 제일 사랑하는 걸 제 일로 하고 있기 때문에 제 자신이 정말 행복한 사람이라고 생각하고 있어요. 실제로 지금 하고 있는 일들이 너무너무 재미있고 즐겁거든요. 그런데 그렇게 자신이 좋아하는 걸 일로 한다는 게 사실 쉽지는 않잖아요. 그런데 저는 우선 그걸 하고 있다는 것 자체가 일반적인 직장인들하고는 다른 점이라고 생각해요.

새로운 기술을 배우거나 새로운 것에 도전히는 일들을 너무 좋아하다 보니, 잠들기 전에도 지금 새롭게 배우고 있는 것만 생각나고, 눈 뜨면 어제 하던 일을 빨리 이어서 계속하고 싶고, 그러다 보니 조금 더 일찍 일어나고 싶고 그래요.

이런 일상이 저한테는 스트레스나 일로 느껴지지 않고, 그냥 제 삶의 일부이고 제 놀이로 생각되는 거예요. 일을 하다 보면 긴장감이 유지될 때도 있고, 돈을 벌어야겠다는 생각을 할 때도 당연히 있어요. 하지만 그런 고민은 가장이라면 누구나 가져야 하는 기본적인 책임인 거죠. 제가 좋아하는 일을 하면서 가지는 긴장감은 하기 싫은 일을 억지로 하거나 남들한테 잘 보이기 위해, 즉 상사나 주변의 눈치를 살피면서 하는 일에서 오는 그런 긴장감이나 스트레스와는 차원이 다른 거죠. 지금 하고 있는 일들은 제가 좋아하기 때문에 정말 열심히 하게 되고, 그렇게 열심히 하다 보니 잘하게 되는 것 같아요.

그리고 제가 보통 사람들과 조금은 다른 점이 있다면, 저만 가지고 있는 제 나름의 시간 관리 비법이 있어요. 저는 시간 관리 계획을 세울 때, 다른 사람들처럼 '한 달 계획, 1년 계획, 2년 계획, 장기 계획' 같은 방법으로 세우지 않아요. 저는 1년 뒤는 없다고 생각하는 사람이거든요. 1년 뒤의 삶은 올지 안 올지도 모르기 때문에 1년 뒤의 계획은 의미 없다고 생각해요. 왜냐하면 1년 뒤에 이루고 싶은 게 있더라도 오늘을 정말 열심히 살지 않는다면, 1년 뒤에 그 목표는 절대 이루어질 수 없다고 생각해요. 그러다 보니 저는 계획을 세울 때 항상 오늘을 중심으로, 길면 1주일, 정말 길어야 한 달 정도의 계획만 세우고, 그 이상되는 먼 미래의 계획은 절대 세우지를 않아요. 뭔가 이루고자 하는 목표가 생기면, 그 목표를 이루기 위해 장기가 아닌 굉장히 단기로 계획을 세우고 실천해가는 거죠.

그리고 보통 목표를 정하면 그 목표를 달성하기 위해 필요한 일, 처리해야 하는 일들이 있을 거잖아요. 대부분의 사람들은 그런 태스크들을 일정 관리 앱이나 노트에 기록해서 관리하는데 저는 조금 다른 방식으로 관리하고 있어요. 저는 제가 해야 하는 모든 일들을 디바이스별로 나누어서 정리를 해요. 이런 이런 일들은 스마트폰으로 하고,

저런 저런 일들은 태블릿으로 하면 되고, 그런 그런 일들은 노트북으로 해야 한다고 디바이스별로 일들을 미리 나누어둬요. 해야 하는 모든 태스크들을 하나의 리스트로 뭉쳐두지 않아요.

지금은 스마트폰만으로도 할 수 있는 일들이 정말 많아졌어요. 예를 들면 웹 검색이나 기술 블로그를 읽는 일들은 굳이 노트북이 아니더라도 스마트폰만으로도 얼마든지 할 수 있는 일이죠. 많은 사람들이 출퇴근할 때 버스나 지하철을 이용하는데, 각자의 목적지에 따라서 10분 뒤에 내리기도 하고, 15분 뒤에 내리기도 할 테고, 30분 뒤에 내리는 사람들도 있겠죠. 그 시간 동안 각자 유튜브를 본다거나, 웹툰을 본다거나, 뉴스 기사를 읽는다거나, 게임을 한다거나 나름의 하고 싶은 걸 하면서 이동하겠죠.

그런데 저는 제가 해야 할 일들을 디바이스별로 따로 정리를 해둔다고 했잖아요. 새벽에 일어나면 노트북을 열고 그날 온 이메일들이나 기술 커뮤니티의 뉴스피드들을 확인해요. 제목을 훑어보면서 그중에 꼭 읽어야 하거나 읽고 싶은 뉴스나 기술 블로그들이 있더라도 그걸 그 귀한 아침 시간에는 절대 읽지 않아요. 블로그나 뉴스의 링크를 핸드폰으로 보내고 폰에서 링크를 클릭해서 브라우저에 띄워두기만 해요.

아침 시간에는 절대 읽지 않고, 지하철이나 버스로 이동할 때나, 가족들이 함께 있긴 하지만 각자의 시간을 보낼 때나, 아니면 병원이나 관공서, 매표소처럼 어디선가 대기하거나 누군가를 기다려야 할 때, 그럴 때 핸드폰을 꺼내서 링크로 미리 열어둔 기사나 블로그들을 확인해요.

그리고 쓰고 있는 책의 주제와 관련된 자료를 찾는다거나, 써둔 글을 단락별로 정리한다거나 하는 등의 일들은 폰보다는 훨씬 넓어 글을 펀

집할 수도 있고 노트북과는 달리 언제라도 바로 사용할 수 있는 태블릿 디바이스를 이용하고 있어요.

그리고 노트북의 경우는 코딩을 한다거나 오랫동안 책상 앞에 앉아서 해야 하는 일들만 노트북으로 관리를 하고 있어요.

이런 식으로 해야 하는 모든 태스크들을 디바이스별로 구분해서 관리를 하게 되면, 일과 중에 짧막하게 시간이 빌 때에도 헛되이 시간을 보낼 필요가 없어요. 자투리 시간에도 스마트폰이나 태블릿으로 제가 해야 하는 일들을 우선적으로 할 수 있게 되는 거죠. 저는 그런 단편적인 조각의 시간을 아끼는 게 굉장히 중요하다고 생각하는데, 그런 면에 있어서는 다른 사람들보다 굉장히 잘 아껴서 쓰고 있다고 생각하고 있어요.

제가 보통 사람들과 조금 다른 점 또 하나는 새벽에 일찍 일어나는 거예요.

저는 새벽 4시 30분에 일어나서 하루 일과를 시작해요. 보통 7시 30분쯤에 아침 식사를 하니까 그때까지 대략 3시간 정도의 시간이 만들어져요.

직장 다니는 사람들이 나인투식스(9시 출근, 6시 퇴근)로 일을 한다고 생각해보면, 직장인들이 오전 근무 시간 동안에 해야 할 일들을 저는 아침 7시 30분에 이미 다 끝낼 수 있는 거죠. 더구나 그 시간에는 방해하는 사람도 전혀 없기 때문에 집중도 잘되고 업무 효율도 엄청나게 좋아요.

그렇게 해서 늘어나는 시간에는 제가 하고 싶은 걸 할 수도 있고, 다른 것을 배울 수도 있고, 아니면 다른 추가적인 일들을 하면서 남들보다 훨씬 더 많은 걸 배우고 많은 일들을 할 수가 있어요.

이렇듯 보통 사람들과는 다르게 온전히 집중할 수 있는 반나절의 시간을 더 살고 있다는 게 제가 다른 사람들과 다른 또 하나의 특징이에요. 이렇게 살아온 지 10년이 넘었지만 지금까지 그러했고 앞으로도 이런 생활 습관은 제 인생에 있어서 정말 중요하고 소중한 삶의 방식이 될 거예요.

- 현재 참여하고 있는 사회 활동이나 커뮤니티는 어떤 것들이 있나요?

재작년까지는 오프라인으로 참여하는 모임이 꽤 있었는데, 코로나 이후 최근에는 오프라인으로 활동하는 정기 커뮤니티는 따로 없어요. 그리고 전에는 관심 있는 주제들을 찾기 위해서 많은 시간을 들여 여기저기 관련된 온라인 사이트들을 직접 다니면서 자료를 찾고 검색해야 했어요.

그런데 지금은 다양한 온라인 커뮤니티에 가입되어 있고, 그런 커뮤니티에서 새로운 기술 정보와 새롭게 업데이트되는 블로그와 기사들을 매번 자동으로 보내주고 있어요.

예를 들면, 페이스북이나 유튜브와 같은 소셜 채널을 보면 웹 개발자 그룹이나, 빅데이티 그룹, 인공지능 그룹과 같이 관심 있는 주제의 채널이나 그룹들이 있어요. 그런 채널에 가입을 하고, 중요한 미디어나 관심 있는 기술 웹사이트의 뉴스레터에도 구독을 해둬요.

그러면 기술 변화나 새로운 뉴스, 블로그 글들이 저한테 자동으로 노출이 되면서 매일같이 중요한 콘텐츠들을 자동으로 받아볼 수 있어요. 그렇게 받아보는 정보들 중에서 제가 관심이 있거나 꼭 필요한 콘텐츠들만 선별해서 볼 수 있기 때문에 이전 방식보다 훨씬 효과적이고 시간도 많이 절약할 수 있어요. 앞으로 언택트, 뉴노멀 시대에는 온라인 커뮤니티가 점점 더 사람들의 중요한 활동 공간이 될 것으로 생각하고 있어요.

- 앞으로 꿈꾸시는 미래의 모습과 꿈이 있을 텐데 어떤 삶을 만들어 가고 싶은가요?

앞에서도 이야기했듯이 미래라는 것은 내가 오늘을 어떻게 살아가는지에 따라 달라진다고 믿고 있기 때문에 기본적으로 저는 몇 년 뒤를 생각하지는 않아요. 그래도 짧은 미래에 대한 생각은 있어요. 예를 들면, 올해 하반기나 내년쯤이면 코로나가 잠잠해질 것으로 기대하기 때문에 내년부터는 온 가족이 해외여행을 다시 다니려고 하고 있어요. 가족들이랑 1년에 몇 개월씩 다니려고 하는데, 아이들도 이제 홈스쿨링을 시작했기 때문에 그에 맞는 시스템을 준비하고 있어요.

최근에 계속해서 제 퍼스널 브랜드를 쌓고 있는 가장 큰 이유는 제가 어떤 나라, 어떤 곳에 있든지 저희 가족들이 생활하는 데 어려움이 없는 시스템을 만들기 위해서예요. 장소와 시간에 구애받지 않고 언제, 어디서든 일을 하면서 기본적인 수익을 만들어낼 수 있는 구조를 만들고 싶은 거죠.

그런 구조를 만들려고 하는 이유는 저희 아이들을 위해 제가 꿈꾸는 홈스쿨링 방식이 있기 때문이에요. 저희 아이들도 여행 다니는 걸 너무 좋아하는데, 예를 들어 아이들이랑 매번 3개월씩 한 마을에서만 지내는 거예요. 그 마을에 머무르는 동안 아이들과 함께 온 동네를 돌아다니면서 이곳 사람들은 어떤 것이 우리랑 다르고, 어떤 생각을 가지고 있고, 어떤 생활을 하고 있는지에 대해 같이 보면서 경험하고 싶어요. 그런 과정에서 어떤 것들이 잘되어 있고, 어떤 것들은 불편하고 부족한지, 부족한 게 있다면 그걸 개선하기 위해서 뭘 하면 좋을지, 어떻게 바꾸면 좋을지에 대해 아이들과 같이 고민하고, 그걸 개선할 수 있는 방법이나 아이디어를 같이 만들어서 그 동네 주민센터 같은 곳에 기증하고 그 마을을 떠나는 거죠. 찾아낸 다양한 아이디어들 중에 IT 기술을 이용해 도움을 줄 수 있는 부분이 있다면, 그런 아이디어는 간단하면서도 기본적인 프로토타입까지도 만들어볼 수 있을 거에요.

아이들한테는 절대 기술이 먼저가 되어서는 안 된다는 이야기를 자주 해요. 기술이라는 것이 기존에 불편했던 것을 해결해주거나, 현재의 기능보다 조금 더 편하고 나은 기능의 솔루션을 만들 수 있는 수단으로 사용될 수는 있겠죠. 하지만 정말 중요한 것은 현지의 사람들한테 무엇이 필요하고, 어떤 것이 불편하고 힘든지를 이해할 수 있는 공감과 안목을 키우는 것이 항상 먼저가 되어야 한다고 이야기해요. 물론 발견한 아이디어 중에 기술을 이용해서 실현할 수 있는 부분이 있다면, 그때는 아이들한테 그 솔루션을 만들기 위한 프로그래밍 언어와 같은 IT 기술을 가르치면서 프로토타입도 같이 만들어볼 수는 있겠죠. 그렇게 만든 이이디어와 프로토타입은 그 마을에 기증하고, 온 가족이 다음 마을로 가서 또다시 3개월을 머무르면서 그곳에서도 똑같은 활동을 하면서 그런 프로젝트를 계속해가는 거죠.

『저는 아직 아이들에게 코딩을 가르치지 않습니다』라는 제목으로 최근 출판한 책에도 나오지만, 제가 부모로서 아이들한테 만들어주고 싶은 것이 딱 2가지가 있어요.

첫 번째는 불편한 것을 당연한 것으로 여기지 않는 아이로 키우고 싶어요. 많은 사람들이 불편한 걸 너무도 당연한 것으로 받아들이면서 살아가고 있어요. 불편해도 그것을 어떻게 고치면 좋을까 하는 고민과 생각을 하지 않고, 이전부터 그랬으니까 불편한 걸 당연하게 여기면서 사는 거죠. 하지만 불편한 건 절대 당연한 게 아니라고 생각해요. 그리고 나한테 불편하지 않다고 해서 그게 불편함이 없다는 것을 의미하지는 않아요. 내가 아닐지라도 다른 누군가한테 불편함이 있다면 그걸 발견할 수 있는 안목을 가지고, 그 사람들의 불편함을 어떻게 하면 해결할 수 있을지 고민하는 그런 아이로 키우고 싶어요.

두 번째는 부당한 것을 당연한 것으로 여기지 않는 아이로 키우고 싶어요. 부당하다는 것은 상당히 상대적일 수 있긴 하지만, 나한테는 부당하지 않지만 다른 누군가한테는 부당할 수도 있어요. 불편함과 마찬가지고 나한테 부당하지 않다고 해서 그게 결코 평등하다는 의미는 아닐 수 있어요. 그래서 저는 우리 아이들이 부당한 것을 당연한 것으로 여기지 않는 아이들로 자랐으면 좋겠다는 생각을 하고 있어요.

이 두 가지 기준으로 아이들을 키우기 위해서 뭐가 좋을까 많은 고민을 하고 선택한 것이 앞에서 이야기한 방법이고, 앞으로 아이들과 함께 그런 삶을 살아가고 싶어요. 세계 다양한 곳을 다니면서 세상을 둘러보고, 많은 사람들을 만나보고, 많은 문화를 경험해보면서, 그곳의 다름과 아픔과 불편함에 공감할 줄 알고 그곳 사람들이 정말 필요로 하는 것을 찾아낼 줄 알고 거기서 한걸음 더 나아가 그 사람들을 어떻게 돕고 문제를 해결해줄 수 있을지를 아이들과 함께 고민하면서 솔루션을 만들어주는 그런 프로젝트를 아이들과 함께 해보고 싶다는 생각을 하고 있어요.

3 ——→ 　　　　　　정년을 앞두고 조기 은퇴한 K씨

- 은퇴 전까지 직장생활을 얼마나 하셨고, 은퇴하신 지 얼마나 되셨
  나요?

저는 1987년에 대학원을 졸업하고 바로 취업을 해서 2019년 초에 은
퇴를 하였습니다. 계산해보니 무려 32년 동안 직장생활을 했네요. 그
리고 은퇴한 지는 3년이 조금 지났네요.

첫 직장은 대기업 K사에서 시작해서 H사를 거쳐 S사까지 중간에 한
번도 쉰 적이 없었어요. 거기다 군대도 안 갔다왔기 때문에 초등학교
이후로 사실 제대로 쉬어본 적이 단 한번도 없었던 것 같아요. 은퇴를
하고 나서야 실컷 쉬고 있네요.

- 은퇴를 결정하게 된 배경이나 이유는 무엇인가요?

이전에 근무하던 회사가 마지막 회사에 인수가 되었고, 은퇴 직전인
2017년과 2018년에는 일이 굉장히 힘들었어요. 인수된 이후 인수 회사
의 업무에 어느 정도 적응은 했지만, 새롭게 맡은 업무가 제가 좋아하
고 잘할 수 있는 분야의 일이 아니어서 항상 고민이 많았었고 일도 힘
들었어요. 그래도 먹고살기 위해 그냥 다녔던 것 같아요.

저는 개발이나 기술 쪽으로 일을 하고 싶었지만, 순수 개발이 아닌

기술 영업을 해야 하다 보니 제가 잘할 수 있는 역할과는 조금 다르기도 했고, 제가 알고 있던 과거 기술만으로는 최신 기술을 필요로 하는 신규 솔루션 개발팀에 지원하는 것도 쉽지 않았어요.

그런 이유로 당시에 머리가 굉장히 많이 아팠고 회사생활에 대해서도 고민이 많았어요. 그러다가 2018년 12월 말에 과연 내 자산이 얼마이고, 회사를 그만둔다면 어느 정도 먹고살 수 있을까에 대해 고민을 하면서 처음으로 개인 자산에 대한 재무상태표를 만들어보았어요. 지금 돌이켜 생각해보면 그 활동이 정말 엄청나게 중요한 문제였던 것 같아요.

재무상태표를 만들어서 시뮬레이션을 해보니 다행스럽게도 2020년 말까지만 직장생활을 하면 이후에는 일을 하지 않더라도 어떻게든 먹고살 수 있을 정도의 자산은 되겠다는 계산이 대충 나오더라고요.

그런데 2019년 초에 회사에서 조기퇴직프로그램(ERP, Early Retirement Program) 대상자로 통보를 받았어요. 처음에는 상당히 충격이었고, 프로그램 진행하시는 분이 회사에서 나가게 되면 먹고사는 데 문제는 없겠냐고 물어보면서 정 안 되면 조금 더 다녀도 괜찮다고 했는데, 며칠 고민해보고 퇴사를 결정했어요.

2018년 말에 재무상태표를 만들고 은퇴 후 필요한 자산을 시뮬레이션해본 후에 2019년 말이나 2020년 말쯤에 퇴사할까 하는 고민을 막 시작하고 있었던 중이라 오히려 쉽게 결정을 내릴 수 있었던 것 같아요.

퇴사 결정의 가장 큰 이유는 아무래도 일이 저랑 잘 맞지 않은 것도 있었고, 그로 인해 당시에 머리가 너무 아팠고 정신적인 스트레스가 굉장히 심했어요. 그리고 다행히 자산을 계산해보니까 85세를 기준으로

그때까지는 딱 먹고살 만하겠다는 자신감이 어느 정도 들더라고요.

　조기퇴직프로그램은 2019년 3월 초에 통보받았는데, 2018년 12월 말에 은행 금리, 현재 자산, 연금, 아이들 용돈, 학비, 결혼 비용 등 예측 가능한 모든 수입과 지출 항목들을 포함해서 재무상태표와 재무 계획을 만들어보았던 게 정말 운이 좋았고 다행이었던 것 같아요.

　그걸 퇴직 바로 전에 만들어뒀던 게 정말 큰 도움이 됐고, 조기퇴직 통보를 받았을 때도 그렇게 막막하지 않게 잘 대처했던 것 같아요.

　당시 연평균 투자 수익률을 5.5%로 나름 보수적으로 가정해서 계산했는데, 그 정도면 여유롭지는 않겠지만 85세까지 생활하는 데는 큰 문제 없는 것으로 계산되어 나왔거든요.

- 많은 사람들이 은퇴에 대해 막연하게 생각하는데 은퇴를 결심하실 수 있었던 용기의 원천은 무엇인가요?

　조기퇴직프로그램을 제안받았기 때문에 은퇴를 무조건 받아들일 수밖에 없었어요. 그렇더라도 재무상태표를 미리 시뮬레이션해볼 수 있었던 게 정말 큰 힘이 되어주었어요. 당시 85세를 기대여명으로 가정하고 은퇴 이후 들어올 돈과 나갈 돈에 대해서 굉장히 꼼꼼하고 정밀하게 계산을 했기든요. 그리고 그렇게 많이 부족하지 않게 생활할 수 있겠다는 자신감이 생겼던 것 같아요.

　은퇴 전에 회사에서 머리 아프지 않고 스트레스가 적은 단순한 업무 쪽 일을 찾아서 역할을 바꿔볼까 하는 생각도 했었어요.

　하지만 지금까지의 경력과 맡아왔던 전문 업무영역이 있다 보니 시니어로써 할 수 있는 그런 단순 업무를 찾는 것이 쉽지 않고, 경제적으로 은퇴 준비가 안 되어 있었더라면 어떻게든 더 다니려고 했겠지만 다행히 경제적으로 그렇게 막막하지만은 않았기 때문에 그만두는 게 맞겠다고 결심을 하게 되었어요.

- 은퇴 전에 은퇴를 위해 무엇을, 어떻게 준비하셨나요?

저 같은 경우는 은퇴를 따로 계획하거나 준비한 게 아니라 회사의 조기퇴직프로그램 대상으로 통보를 받고 반강제적으로 은퇴를 결정한 경우이기 때문에 은퇴를 위한 별도의 준비가 있지는 않았고 상당히 갑작스럽게 진행되었어요. 앞에서 말씀드린 재무상태표를 딱 한 번 만들어본 것 외에는 은퇴를 위해 따로 준비한 건 아무것도 없었어요.

은퇴를 위한 제대로 된 준비과정을 가지지 못했기 때문에, 만약에 은퇴 전으로 다시 돌아간다면 어떤 걸 준비하면 좋았을지에 대해 답변드리는 게 좋을 것 같아요.

지금 다시 생각해봐도 은퇴를 위해 무엇보다 중요한 준비는 은퇴 이후의 경제적인 안정이 아닐까 싶어요. 은퇴 전에는 생계를 위한 경제활동이었기 때문에 힘들고 스트레스를 받더라도 어쩔 수 없이 다녀야만 했어요. 하지만 은퇴 이후에는 사회 활동을 하더라도 경제적인 수익을 많이 바라기는 어려워요.

젊었을 때의 직장생활처럼 일이 주 업무가 되어서는 안 되고 여가 시간을 보내기 위해 가볍게 할 수 있는 활동이 되어야 해요.

저 역시 은퇴할 당시의 나이가 55세였기 때문에 경제적인 수익 활동보다는 여가를 보낼 수 있는 활동이 더 중요했고 그런 활동을 미리 만들어두는 과정이 필요했던 것 같아요. 그러기 위해서는 은퇴 전에 어느 정도 경제적인 독립도 미리 이루어둬야 하겠죠.

그리고 가능하다면 은퇴 이후에 시간을 보낼 수 있는 공간이나 활동들을 은퇴 전에 미리 준비해두는 것이 좋아요. 많은 사람들이 은퇴 후를 위해 독서리스트와 함께 평소 하고 싶었던 버킷리스트나 위시리스트를 미리 준비하기도 하지만, 매일 독서만 하거나 몇 가지의 위시리스트만 보고 살 수는 없는 노릇이잖아요.

특히 저처럼 평생 사무직으로 직장생활을 했던 사람들은 은퇴 이후에도 외부 활동을 하면서 시간을 보낼 수 있는 사무실이나 사무공간과 같은, 언제라도 나갈 수 있는 장소가 있으면 좋아요.

예를 들어 친구의 사무실이나 아는 지인의 가게 등 언제라도 나가서 시간을 보낼 수 있는 곳이 있으면 은퇴 이후 생활에 큰 도움이 돼요. 책을 읽기 위해 처음에는 도서관도 자주 가봤는데 처음 며칠은 갈 수 있지만 계속해서 꾸준히 가서 시간을 보내기에는 적당하지 않더라고요.

개인적으로 금전적인 여유가 있어 조그만 개인 사무실을 구할 수 있다면 좋고, 그게 어려우면 주변에 은퇴한 친구나 지인들 서너 명이 매월 돈을 조금씩 모아서 작은 공간의 공유 오피스나 오피스텔 하나를 월세로 준비하는 것도 좋아요.

월세와 유지비를 포함해서 개인당 한 달에 20만 원 정도 부담하면 서너 명이 같이 사용할 수 있는 사무공간을 구할 수 있고, 그런 공간을 통해 집에만 있을 필요 없이 언제라도 나갈 수 있는 장소가 생기고 나가서 사람들을 만나고 서로 소통할 수 있기 때문에 그런 장소를 만드는 것은 꼭 권하고 싶어요.

저 같은 경우는 공장자동화 쪽으로 조그만 개인 사업을 하는 친구가 있는데, 그 친구 사무실이 책상 2~3개 정도 있는 좁은 소호 사무실이거든요. 은퇴 이후에는 가끔씩 그 친구 사무실에 나가는데, 일을 직접 하지는 않지만 친구가 물어보는 것을 알려주기도 하고 가끔씩 소일거리를 도와주면서 사무실을 같이 쓰고 있어요.

한 달에 며칠 정도 자유롭게 나갈 수 있는 공간이 있으면 정말 좋아요. 꼭 사무실일 필요는 없지만 언제라도 나가서 시간을 보낼 수 있는 공간이 있으면 큰 도움이 돼요.

그리고 개인이 즐길 수 있는 취미생활도 중요해요. 저는 은퇴 전부터 자전거를 즐겨 탔는데 자전거는 장비 비용 외에는 일상에서의 취미 활동 중에는 돈이 거의 들어가지 않아요. 그리고 자전거를 같이 타는 사람들이 있는데, 보통 한번에 2~3명이 같이 즐겨요. 하루에 2만 원이면 오전에 나가서 하루 종일 자전거를 타면서 실컷 즐기고 먹고 싶은 거 먹고 들어올 수 있어요.

다른 취미 활동에 비해 비용이 적게 들고, 혼자서도 즐길 수 있어서 은퇴자들에게 자전거는 정말 좋은 취미 활동인 것 같아요.

자전거 타기는 운동도 되면서 은퇴 후에 찾아오는 우울감도 없애주고 기분도 좋게 만들어주는 것 같아요.

경제적인 여유가 있는 분들은 골프도 좋겠지만, 골프는 4명이 모여야 하고 취미 활동으로는 비용도 비싸기 때문에 저한테는 부담되더라고요.

저는 그런 걸 미리 준비하지 못하고 은퇴했기 때문에 필요한 공간과 활동을 찾아가는 과정에 시간이 걸리고 힘들었지만, 은퇴를 고민하는 분들은 미리미리 챙겨두면 은퇴 이후에 큰 도움이 될 겁니다.

- 은퇴하길 잘했다고 생각하시나요?

저는 은퇴하기를 잘했다고 생각해요. 은퇴를 하면서 일에서 해방되었다는 생각과 함께 정신적인 스트레스가 없어진 것 같아요.

은퇴 전에는 머리가 많이 아파 힘들었는데, 은퇴 이후에는 두통이 사라졌고 건강도 훨씬 좋아졌어요. 작년 한 해 동안 자전거로 달린 거리를 모두 합해보니 대략 9,000㎞ 정도 되더라고요. 서울에서 샌프란시스코까지 정도의 거리를 자전거로 달린 거죠.

작년에 백두대간 행주를 시작했는데 강원도 진부령에서 시작해 태백산맥까지 갔었어요. 올해 봄에는 태백에서 다시 시작해 지리산 성삼재까지 완주하고 백두대간 행주를 끝내려고 하고 있어요.

- 은퇴 결정을 가족들에게 알리기 쉽지 않았을 텐데 어떻게 알렸고, 어떻게 설명이나 설득을 하셨나요?

조기퇴직 통보를 받은 후 아내한테는 바로 알리고 공유했어요. 조기퇴직 통보를 받았을 때 저는 생각보다 충격이 덜했지만 오히려 아내가 상당히 크게 충격을 받았어요.

경제적으로 확신이 없더라도 가족들한테는 문제없다고 이야기해줄 수 있어야 해요. 저는 다행히 재무상태표를 미리 작성해보았고, 경제적으로도 어느 정도 계산이 나왔기 때문에 운이 좋았던 것 같아요.

은퇴를 본인 스스로 결정하는 사람들도 있겠지만, 저는 반강제적이었기 때문에 가족을 설득하기보다는 가족에게 차근차근 설명하는 것이 필요했어요.

그리고 50대 중반이 되면 자발적 퇴사보다는 저처럼 반강제적 퇴사가 훨씬 더 일반적일 것 같아요. 그런 경우는 가족들한테 차분히 설명해주면서 너무 불안해하지 않도록 잘 다독거려줘야 해요. 저는 그때 아내랑 이런저런 이야기를 나누면서 같이 여행을 다녀왔어요. 그 이후로 아내도 조금씩 안정을 찾아갔던 것 같아요.

그리고 부모님들한테는 되도록 천천히 알려드리는 것이 좋아요. 충격을 받으시거나 걱정이 많아지실 수 있기 때문에 은퇴에 대해 조금씩 준비하려고 한다면서 분위기를 먼저 만들어가며 충분한 시간을 두고 천천히 말씀드리는 것이 좋아요. 저도 양가 부모님께는 은퇴한 해에는 은퇴를 준비할까 한다 정도로 가끔씩 가볍게 말씀드리다가 은퇴한 다음 해에야 은퇴했다고 말씀드렸어요.

- 은퇴 후 가족관계에서 좋은 점과, 불편하거나 안 좋아진 점은 무엇인가요?

은퇴 이후 평일에는 거의 밖에 나가서 생활하고 있어서 은퇴 이후에도 아내와 붙어 있는 시간이 그렇게 많지는 않아요.

아내와는 한 달에 한 번 정도 1박 2일 주중에 여행을 다니고 있는데, 주말에는 숙박비가 너무 비싸기 때문에 제일 저렴한 월요일 1박으로 계획해서 한 달에 한 번씩 여행을 다니고 있어요. 계절에 따라, 지역에 따라 경치 구경을 가거나 맛있는 음식을 찾아 맛집 탐방을 가기도 해요.

은퇴 전에는 휴가 때나 돼야지 1년에 겨우 한 번 정도 가족 여행을 하는 게 전부였지만, 지금은 큰 비용이나 많은 노력 없이 언제든지 편하게 한 달에 한 번씩은 여행을 다니고 있어요. 그걸로 부부관계가 뭔가 확 좋아졌는지는 모르겠지만, 은퇴 후 업무로 인한 스트레스가 없어지다 보니 그런 부분은 아내가 좋아하는 것 같아요. 아무래도 은퇴 전에는 저도 모르게 얼굴 표정과 말투에 스트레스가 그대로 묻어났었고, 그로 인해 가족들도 같이 긴장하거나 마음이 불편했어요. 하지만 지금은 그런 것들이 없어지면서 아내도 저를 대할 때 마음 편하게 생각하는 것 같아요.

- 은퇴 후 참여하시는 사회 활동은 어떤 것이 있나요?

독서와 같은 개인 취미 활동 외에는 자전거 동호회와 스마트팩토리 평가위원 활동, 친구 소호 회사 지원 등의 활동을 하고 있어요.

원래 고전문학을 좋아해서 은퇴 후에는 문학 책을 많이 읽고 싶었는데, 근시 노안이라 종이책 독서는 쉽지 않아 e-book으로 봐야 하는데 고전문학은 e-book이 많지 않아요. 그래서 주로 재테크 공부를 위해서 경제 서적 중심으로 많이 읽고 있어요.

- 은퇴 이후 아쉽거나 불편한 점은 무엇인가요?

특별히 불편한 것은 없지만, 매일 만나던 사람들을 못 보는 것이 가장 아쉬웠던 것 같아요. 오늘처럼 가끔씩은 이전 직장 사람들한테서 연락이 오기도 하지만 기존에 알고 지내던 사람들과의 관계가 소원해지는 것은 어쩔 수 없고 그게 많이 섭섭했던 것 같아요.

- 은퇴 과정에서 가장 힘들었을 때는 언제인가요?

특별히 힘들었던 점도 없었던 것 같은데, 아무래도 경제적인 부분은 많이 불안했던 것 같아요. 그러다 보니 은퇴 후 재테크에 대해 제대로 공부하고 알아가는 과정이 가장 힘들었어요.

그전에도 주식을 조금씩 하기는 했지만 재테크에 대해 제대로 공부를 한 것이 아니라 아이들 장난처럼 했어요. 하지만 은퇴 후의 투자는 온 가족의 미래 자산이 걸린 너무도 중요한 문제이기 때문에 대충 해서도 안 되고 엄청나게 열심히 공부를 해야만 해요.

은퇴 후 재테크를 시작하기 전에 관심 분야의 전문 서적을 최소 20권 이상은 꼭 읽어보라고 말씀드리고 싶어요.

저 역시 5.5%의 수익률을 목표로 하고 있고 가끔은 마이너스도 있겠지만, 현재의 자산을 지키면서 안전하게 투자하고 일시적인 손실에도 스트레스를 받지 않고 자신감을 가지려면 그만큼 많은 공부가 필요해요.

관련된 책을 많이 읽고, 전문가들의 유튜브 강의를 듣고, 지식과 경험을 쌓으면 쌓을수록 투자 수익률도 좋아지면서 투자로 인한 스트레스도 조절되고 마음도 많이 안정될 수 있었던 것 같아요.

저는 은퇴한 이후에 경제적인 부분에 관심이 많았고, 그 부분이 가장 중요하다고 생각해요.

- 은퇴 후 시간 관리의 어려움은 없으신가요? 하루 일정은 어떻게 관리하고 계신가요?

언제라도 나갈 수 있는 곳을 찾고 나서는 가능한 매일 집에서 나가려고 하고 있어요. 보통은 오전 10시쯤에 나가서 오후 5시나 6시쯤에 집으로 돌아와요.

계획을 따로 잡지는 않고 있고, 날씨 좋은 날은 자전거 타러 가고 정리할 것이 있으면 친구 사무실로 나가는 등 그때그때 맞게 하루 일정을 잡아서 생활하고 있어요.

- 건강 관리를 위해 별도로 하시는 운동이나 활동이 있나요?

자전거를 타기 시작한 지 오래되기도 했지만, 자전거는 은퇴한 사람들한테 정말 좋은 운동이라고 생각해요.

라이딩은 많이 위험하기 때문에 제대로 타기 전에는 반드시 미리 연습도 하고 조심해서 타는 법을 배워야 해요. 장거리 라이딩은 차로를 달려야 해서 위험하고, 한강 등 자전거 전용도로 역시 초보자들이 많이 다니기 때문에 사고의 위험이 있어서 항상 조심해야 해요.

그래서 처음 한 달 정도는 많이 타본 전문가들과 같이 타면서 다양한 경우들을 보고 배우면서 사고 확률을 줄여가야 해요.

날씨 좋은 계절에는 1주일에 2~3일 정도 자전거를 즐기고 있어요.

- 은퇴를 하면 삶의 주체가 회사에서 자신으로 바뀐다고 생각하는데, 은퇴 후 삶에 있어 자존감이나 자아에 대한 변화는 어떤가요?

은퇴한 후 처음 몇 개월 동안은 자존감이 정말 많이 낮아졌어요. 사회에 대한 기여가 없다고 생각되면서 6개월 정도까지는 계속 자존감이 떨어지더라고요. 그러다가 어느 정도의 시간이 지나고 새로운 환경과 생활에 적당히 적응해가면서 "노는 것을 게을리하지 말자!"라는 생각과 함께 "회사 다니는 사람보다 오히려 내가 더 행복하다"라는 생각이 들더라고요. 그러면서 자연스럽게 낮아진 자존감으로 인한 상실감은 조금씩 사라졌어요.

은퇴를 하게 되면 처음에는 나의 시간을 사용하는 사람이 나 외에는 아무도 없게 되면서 큰 상실감을 맛보게 돼요. 그런 생활에 익숙해지기 전까지는 제가 좋아하는 자전거도 타고 싶지 않고 삶이 무기력해지더라고요. 저는 그 시간이 대략 6개월 정도 걸린 것 같아요.

사람마다 은퇴 이후의 활동과 자존감에 대한 가치관이 다를 텐데 저는 사회 활동이나 봉사활동보다는 이제는 놀면서 조금 여유롭게 시간을 보내는 것에 더 큰 가치를 두고 있어요.

- 은퇴를 준비하는 사람들에게 꼭 해주고 싶은 이야기가 있다면 어떤 이야기를 해주고 싶나요?

세금 포함해서 은퇴 이후의 재무에 대해 정확하고 최대한 자세하게 경제적인 시뮬레이션을 미리 해보라고 말씀드리고 싶어요.

은퇴할 때는 무엇보다 경제적인 안정이 제일 중요하다고 생각하고, 재무가 안정적이어야 진정한 은퇴가 가능해요. 그리고 은퇴 이후의 투자는 굉장히 보수적으로 해야만 해요. 앞에서도 말씀드린 것처럼 훌륭한 책과 유튜브가 너무 많기 때문에 반드시 충분히 공부한 후에 투자를 해야 해요.

물론 엄청난 자산이 있어서 그것만으로도 고정 수입을 만들어내고 여유롭게 지낼 수 있다면 좋겠지만, 대부분의 사람들은 그렇지 못하기 때문에 미리 시뮬레이션을 해보고 재테크에 대해서도 충분히 공부하실 것을 꼭 당부드리고 싶어요.

그리고 자신이 설계한 은퇴 후의 재무 계획에 대해 문제가 생기지 않도록 주기별로 본인이 직접 꼼꼼히 챙겨야 해요. 저 역시 매월 수입과 지출을 확인하면서 은퇴 당시 설계했던 재무 계획을 잘 지켜나가고 있어요. 연 5.5%의 수익률은 그렇게 높은 기대치가 아니기 때문에 아직까지는 계획대로 잘 진행되고 있어요.

5.5%의 목표 수익률이 낮다고 보면 낮을 수 있지만, 5.5%의 수익을 안정적으로 유지하기 위해서는 그만큼 재테크와 경제에 대한 공부를 게을리할 수 없어요.

경제에 관련해서는 뒤에서 조금 더 자세히 제 경험을 들려드리고 싶어요.

- 은퇴 전으로 다시 돌아갈 수 있다면 어떤 부분을 더 깊이 있게 고민해서 준비하고 싶으신가요?

약간의 경제적인 수익을 얻으면서 사회에 공헌할 수 있는, 은퇴 후의 소일거리를 미리 준비해두었더라면 좋았겠다 싶어요. 에를 들어, 영어를 잘한다면 관광봉사 같은 걸 은퇴 전에 미리 생각해보면 좋을 것 같네요. 그런 소일거리는 경제적인 수익보다는 사람들을 만나고 다른 사람을 도울 수 있는 사회 활동이 되기 때문에 은퇴 전에 미리 준비해두면 좋을 것 같아요.

저는 갑작스럽게 은퇴를 맞이했기 때문에 그런 준비를 전혀 못 하고 나온 것이 많이 아쉬웠어요.

회사 다닐 때 야외에서 활동할 수 있는 굴착기기사나 중장비기사 자격증을 따볼까 하는 고민을 가끔씩 하기는 했지만 그냥 막연하게만 생각했고 깊게 준비한 적은 없었어요. 은퇴 후의 소일거리는 사회 참여에 더 큰 의미를 두고, 가능하다면 시간이나 요일도 유연하게 선택할 수 있는 일이면 좋을 것 같아요.

물론 개인의 삶의 가치관에 따라 오히려 복잡하고 머리 아픈 일들을 해결해가면서 삶의 재미와 보람을 찾는 분들도 있겠지만, 저는 가급적이면 머리 아픈 일보다는 스트레스 없이 매일매일 큰 변화 없이 반복적으로 할 수 있는 소일거리를 찾을 것 같아요.

- 은퇴 후 고정 근로소득이 사라졌을 텐데 경제적인 부분은 어떻게 해결하고 있나요? 주된 경제 활동이 있는지요?

은퇴 후 제가 하고 있는 주요 경제 활동은 정부 기관에서 추진하는 스마트팩토리 관련 자문 활동과 재테크 투자 활동, 두 가지가 있어요.

스마트팩토리 자문 활동은 1년에 1~2개월 정도의 소일거리 정도로 하고 있고, 재테크는 수익률이 조금 낮더라도 위험자산보다는 안전자산 쪽으로 주로 하고 있어요.

제가 인터뷰 중에 계속 강조해왔듯이 저는 은퇴 준비의 가장 중요하고 기본이 되는 것이 경제적인 준비라고 생각해요. 그래서 이 질문에 대해서는 제 경험을 조금 깊이 있게 나누어드리고 싶어요.

은퇴를 하게 되면 가장 먼저 국민연금, 건강보험, 고용보험에 대한 정리가 필요해요.

국민연금은 나중에 연금수령을 제대로 받기 위해 60세까지 계속해서 납입하는 것이 좋아요. 저는 이미 오랜 기간 동안 직장에서 국민연금에 납입을 해왔기 때문에, 퇴직 후에도 연수를 계속해서 늘려가는 것이 중요했어요. 그래서 매월 최소 금액으로 국민연금을 납입하고 있어요.

그리고 고용보험을 통해 실업급여 신청도 당연히 해야 하고, 건강보험 역시 지역보험으로 전환하면서 보험료가 얼마나 나오는지 미리 확인해서 자동이체 신청과 함께 월 지출 계획에도 반영해둬야 해요.

은퇴 이후 안정적인 재무를 유지하기 위해서 저는 통장관리를 상당히 중요하게 생각하고 잘 활용하고 있어요.

통장은 다음 그림처럼 투자 통장, 수입 통장, 생활비 통장, 예비비 통장으로 나누어서 관리하고 있어요.

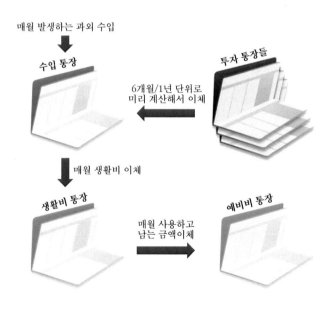

나만의 통장 관리 방법

투자 통장	연금과 자산에 대한 자산 관리 통장(자산별 개별 통장)
수입 통장	월급처럼 고정적이지는 않지만 매월 들어오는 수입을 관리하기 위한 통장
생활비 통장	매월 생계에 필요한 비용 관리 통장
예비비 통장	생활비에서 쓰고 남는 돈을 모아 예상치 못한 지출 발생에 대비하기 위한 통장

통장들에서 돈이 어떻게 흘러가는지 설명해볼게요. 먼저 앞으로 6개월이나 1년 동안 필요한 금액을 미리 계산해요. 그리고 6개월이나 1년 단위로 각각의 투자 통장에서 얼마씩을 인출할지에 대한 계획을 세워요.

그렇게 계획된 필요한 금액을 각각의 투자 통장에서 6개월이나 1년 전에 미리 인출해서 수입 통장으로 옮겨두는 거죠.

이렇게 하는 이유는 돈이 필요할 때마다 투자 통장에서 바로 인출해서 사용하게 되면 주식이나 자산의 가치가 갑작스럽게 크게 떨어졌을 때 투자에 큰 손실이 발생할 수 있기 때문이에요.

이렇게 생활에 필요할 돈을 계획해서 6개월이나 1년 단위로 투자 통장에서 미리 인출해서 수입 통장으로 넣어둠으로써 단기적인 주가 하락이나 자산가치 하락에 영향을 받지 않게 할 수 있어요.

수입 통장에는 투자 통장에서 넘어오는 6개월 또는 1년치의 생활 예상금과 매월 발생하는 과외 수입이 합쳐지게 됩니다. 그리고 수입 통장에서 매월 계획하는 생활비만큼을 생활비 통장으로 이체해서 생활에 사용하고 있어요.

생활비 통장에서 매월 사용하고 남는 돈은 다시 예비비 통장으로 이체해서 예비비를 쌓아가고 있어요.

매월 생활비 통장으로 이체되는 금액은 당월 생활비가 부족하지 않도록 실제 필요한 평균 생활비보다는 조금 더 여유 있는 금액으로 산정하는 것이 좋아요. 그리고 생활비 통장에서 쓰고 남는 돈은 매달 예비비 통장으로 이체해서 관리함으로써 병원비, 가전제품이나 자동차의 수리비나 교체비 등 갑작스럽게 급전이 필요한 경우의 예비비로 사용하고 있어요.

기업에서 1년의 재무를 계획해서 예산을 집행하는 것처럼 은퇴 후에는 고정된 수입이 사라지기 때문에 필요한 돈의 흐름을 미리 예측하고 재무 계획을 세워 돈을 지출하면서 관리해나가는 것이 정말 중요해요.

은퇴를 하게 되면 세금 관계 역시 잘 이해하고 알고 있어야 해요. 직장을 다니는 동안은 현금성 자산이 그렇게 많지 않기 때문에 세금 관계를 잘 모르더라도 괜찮지만, 은퇴를 하게 되면 퇴직금을 포함해서 현금성 자산이 많이 생기게 돼요.

부동산은 재산세로 계산되어 나오기 때문에 크게 상관이 없지만, 현금성 자산은 세금 관계를 얼마나 잘 알고 있는지에 따라 절세 금액에 상당한 차이가 생겨요.

직장생활 동안에는 퇴직연금으로 적립하다가 퇴사를 하게 되면 퇴직연금 계좌(IRP, Individual Retirement Pension)로 옮겨 직접 투자하거나 만 55세가 되면 개인연금 계좌로 옮겨서 투자를 할 수도 있어요.

퇴직금을 바로 수령하는 경우 근무연수 등을 계산해서 세금이 나오게 되는데, 저의 경우 조기퇴직 위로금에 대해 세율을 계산해 봤을 때 퇴직금을 바로 수령할 경우 대략 20% 정도의 세율이 계산되어 나왔어요.

그래서 이걸 직접 받지 않고 IRP 계좌를 만들어서 그쪽으로 옮긴 후 한번에 찾을 경우를 계산해보니 몇백만 원의 절세 효과가 생기더라고요.

예를 들어, 1억 원의 퇴직 위로금을 바로 받게 되면 20%의 세금을 떼고 8천만 원을 받게 되지만, IRP 계좌로 옮겨서 찾게 되면 1년 동안 찾을 수 있는 한도 금액에 대해서는 세율의 70%만 납부하면 돼요.

IRP 계좌에서 1년 인출 한도 금액이 3천만 원이라면, 1억 중 3천만 원에 대해서는 원래 세율 20%인 600만 원의 70%인 420만 원만 납부하면 되는 거죠. 한도 금액을 뺀 나머지 금액에 대해서는 일반 과세와 마찬가지로 20%의 세율이 부과돼요. 단순히 IRP 계좌를 하나 만들어 퇴직금을 옮긴 후 인출하기만 하더라도 상당한 금액을 절세할 수 있어요.

조기퇴직 위로금 1억 원을 바로 수령하면 2천만 원의 세금을 내야 하지만, 단순히 IRP 계좌로 옮긴 후 수령하면 1,820만 원의 세금을 내기 때문에 그것만으로도 180만 원을 절세할 수 있는 거죠. 그리고 한 번이 아닌 장기 계획을 가지고 여러 해에 나누어서 인출을 하게 되면 훨씬 더 큰 절세를 할 수 있어요.

연금에는 이연퇴직 소득세라는 것도 있어요. 과세이연이라는 것은 개인에게 퇴직소득을 넘겨줄 때 세금을 떼지 않고 총액을 그대로 넘겨주는 방식이에요. 개인이 해당 계좌에서 돈을 직접 인출하기 전까지는 퇴직소득의 과세를 연장시켜주는 제도예요. 앞의 예처럼 조기퇴직 위로금의 세율이 20%였다면 과세 없이 전체 금액을 그대로 넘겨주고, 개인이 돈을 인출할 때마다 찾는 금액에 대해서 해당 세율의 과세가 적용돼요.

연금 계좌에서는 1년에 정해진 한도 금액 이내의 금액을 인출하거나 정해진 보유 기간이 지난 후에 인출되는 금액에 대해서는 정해진 세율의 70%만을 과세하고 있어요. 정해진 인출 한도액을 기준으로 계획을 잘 세우고, 매년 나누어서 인출해서 사용한다면 그것만으로도 상당한 금액의 세금 절약이 가능해요.

그리고 IRP 계좌는 예금도 가능한데, 예를 들어 2% 이자율의 예금을 넣는다면 10년 정도 지나고 나면 이자만으로도 세금을 낼 수 있게 되면서 원금은 그대로 수령하는 것도 가능해져요.

퇴직금을 일반 계좌로 이체하는 경우는 15.4%의 퇴직소득세를 일시불로 떼고 입금되지만, 개인연금으로 구성하면 세금 없이 전체 금액을 그대로 전달받을 수 있어요.

그런 후 개인연금 계좌를 이용해서 투자를 하면 투자 수익에 대해서도 퇴직소득세의 세율이 적용되지 않고 투자금과 수익금이 그대로 쌓이게 돼요. 다만 나중에 돈을 인출할 때는 각 재원의 종류에 따라 해당 세율의 세금이 빠지고 출금돼요.

만 55세부터는 개인연금에서 무조건 인출 가능한데, 다만 1년에 1,200만 원까지만 찾을 수 있어요. 1년 한도인 1,200만 원을 넘는 금액을 인출하게 되면 인출 금액 전체에 대해 퇴직소득세 세율인 15.4%보다 더 높은 16.5%의 세율이 부과되기 때문에 인출 계획을 미리 잘 계산해서 세워둬야만 해요. 이걸 왜 하냐고 할 수 있지만 은퇴 이후 주식 투자를 고민하시는 분들은 연금 계좌를 잘만 이용하면 세금을 크게 절약할 수 있어요.

은퇴 후 연금 관리는 절세의 중요한 수단이 될 수 있기 때문에 은퇴를 고민하시는 분들은 금융사의 연금 관련 블로그나 안내서를 꼭 참조하실 것을 권고드리고 싶어요.

세금이 복잡해 보이지만 이해하기만 하면 그렇게 어렵지 않기 때문에 은퇴 전에 세금에 대해서는 꼭 공부해서 준비하는 것이 좋아요.

미국 연방준비제도이사회 의장이었던 앨런 그린스펀이 "글자를 모르는 것은 생활을 불편하게 하지만, 금융을 모르는 것은 생존 자체를 어렵게 한다"라고 이야기했듯이, 은퇴 이후에는 본인이 직접 재정과 세금 관련해서 공부해서 이해하고 준비하는 것이 필요해요.

세금 관계를 포함해 은퇴 이후의 재무 계획에 대해서는 반드시 꼼꼼하게 정리해둬야 해요. 그리고 재무에 대해서 제일 먼저 시작할 일은 자신의 기대여명에 따라 얼마의 자산이 필요한지를 알 수 있어야 해요.

물가상승률, 목표 투자 수익률, 주택가격 상승률, 현재 연령, 은퇴 희망 연령, 노령연금 수령 시기, 주택연금 수령 시기, 기대여명 나이, 목표 생활비 등으로 계산하면 필요한 생활비가 나오게 돼요.

그리고 수령 가능한 예상 국민연금, 노령연금, 주택연금을 입력하면 얼마의 자금이 있어야 내가 원하는 기대여명까지 경제적으로 불편함이 없을지가 계산되어 나오게 돼요.

계산 결과로 나온 금액의 자산이 준비되었다면, 은퇴 이후에는 자신이 목표한 목표 수익률만 잘 유지할 수 있어도 경제적으로 자유로운 은퇴가 가능하게 되는 거죠.

개인마다 다르겠지만 자녀들의 학비, 생활비, 결혼자금 등도 감안하고, 추가로 필요한 불입금, 퇴직금, 연금, 소득 등을 추가하면서 자신만의 재무 계획표를 만들어볼 수 있어요.

저 역시 세금까지 계산해서 저만의 재무 계획표를 만들어두고, 앞에서 말씀드린 통장 관리 방법에 따라 1년 또는 6개월에 한 번씩 투자(자산) 통장에서 수입 통장으로 필요한 돈을 이체시키고, 매월 단위로 필요한 만큼 생활비 통장으로 이체 후 인출해서 사용하고 있어요. 그러면서 제가 세웠던 중장기 재무 계획이 제대로 진행되고 있는지에 대해 매월 확인하고 점검하고 있어요.

참고로 저는 개인연금 계좌를 두 개로 만들어서 사용하고 있어요. 하나는 퇴직금이 들어가 있는 연금 계좌이고, 다른 하나는 ERP(조기퇴직) 위로금이 들어 있는 연금 계좌예요.

두 퇴직금의 납입 연수가 달라 세액 기준에 많은 차이가 나기 때문에 두 개를 따로 관리하고 있어요. 퇴직금은 6% 정도의 세율이지만 퇴직 위로금은 16%가 넘는 세율이 적용되거든요.

현재 하나의 연금 계좌에서 매년 1,200만 원씩만 찾고 있고, 그 계좌의 보유 기간이 끝나면 이후에는 다른 연금 계좌에서 매년 1,200만 원씩 찾는 것으로 계획을 세워두고 연금 계좌에서는 매월 100만 원씩 인출해서 사용하고 있어요.

이렇게 함으로써 장기적으로는 엄청난 금액의 절세를 할 수 있게 돼요. 거기다 개인연금의 보유 기간이 10년이 지나면 기본 세율이 70%에서 10% 더 줄어서 전체 세율의 60%의 퇴직소득 세금만 내면 돼요.

제가 만들어서 관리하는 엑셀에는 아이들한테 들어가야 하는 돈까지 모두 포함되어 있다 보니 많이 복잡하지만, 우선은 본인이 계획하는 은퇴를 위해 현재 필요한 자산을 먼저 계산하고, 자신에게 매달 필요한 돈이 얼마인지 계산하고, 추가적인 수입과 지출, 그리고 절세까지 포함해서 어떻게 미래 생활비를 충당하고 미래 자산 계획을 가져갈지 자신만의 재무 계획을 잘 만들어두시면 좋을 것 같아요.

4 ⟶ 정년퇴직 이후 계속해서 직장생활을 하고 있는 H씨

- 직장생활은 언제 시작하셨고 지금까지 얼마나 되셨나요?

제가 첫 직장생활을 1985년부터 시작했으니까 올해로 37년째네요.

- 이미 법적인 정년은 넘기셨는데 정년 이후의 직장생활 경험에 대해 간단히 말씀 부탁드립니다.

정년퇴직했던 회사에서 맡고 있었던 일이 경험과 지식이 중요한 전문직종이었고, 회사에 계속 공헌할 수 있는 부분이 있어서 운이 좋게 법적 정년 이후에도 2년간 추가로 파트타임의 일을 할 수 있었어요. 그러면서 시간적인 여유도 가질 수 있었고, 계속해서 일을 하게 되면서 정년퇴직에 대한 상실감이나 부담이 생각보다 적었어요. 그러던 중에 현재 근무하는 회사에서 제안을 받아서 정년 이후에 다시 현직으로 돌아와 일을 하고 있어요.

지금 근무하는 회사가 지방에 있는데 지방에는 생각보다 전문 인력이 많이 부족해요. 지방에서 성장하고 있는 작은 회사나 중견기업들 중에는 경영 전반에 대해 잘 알고 있는 경험 있는 인재들이 많이 없다 보니 저처럼 정년 후에도 회사 경영에 도움을 줄 수 있는 경우가 의외로 많아요.

그리고 주요 업무 영역별로 이전에 같이 일했던 몇 명의 시니어들을 함께 채용해서 회사의 주요 업무들을 혁신하고 회사에 공헌할 수 있는 부분을 찾아서 같이 일하고 있어요.

지방에서 일하다 보니 4일 정도는 회사 근처에 있는 회사 숙소에서 지내고 있고, 3일 정도는 집에 가서 가족들과 보내고 있어요.

- 정년퇴직하신 후에도 일을 계속하시는 이유가 있을까요?

갑자기 회사를 그만두게 되면 지금까지의 일상과 자존감이 상당히 많이 무너질 것 같아 걱정스러운 부분이 없잖아 있었어요. 그래서 조금 더 일을 하고 싶었고, 운이 좋게도 전 직장에서 정년퇴직 이후 2년 간의 파트타임 업무를 맡으면서 지금의 직장으로까지 이어질 수 있었어요. 그렇다 보니 법적 정년을 맞았을 때 큰 충격 없이 자연스럽게 연착륙할 수 있었다고 생각됩니다.

정년퇴직 이후 가졌던 파트타임 업무는 회사에 도움을 주면서도 개인적으로는 다음 활동을 준비할 수 있는 시간적인 여유를 만들어주었어요. 정년 이후 일을 계속하는 1차 목적이 경제적인 부분은 아니었지만 파트타임 업무를 계속할 수 있게 되면서 정년 이후의 경제적인 부담도 크게 줄일 수 있었어요.

- 정년퇴직이나 조기 은퇴 이후에 쉬고 싶어 하는 사람도 많지만, 경제적인 독립을 이룬 상태에서도 계속해서 일을 하고 싶은 사람들도 많을 것 같습니다. 정년 후에도 일을 계속하실 수 있었던 노하우가 있다면 어떤 게 있을까요?

자신의 전문 영역에 대해 진솔된 마음으로 꾸준하게 열심히 개발하는 것이 필요해요. 기술이나 업무의 전문성을 계속 쌓아서 나를 필요로 하는 곳이 있게 하는 것이 중요하다고 생각해요. 말씀드린 것처럼 지방에 와서 보니 의외로 회사 전반적으로 전문 인력이 너무 부족해요. 컨설팅회사에서의 경영 컨설팅 경험이건, 테크회사에서의 기술 경력이건, 또는 대기업에서의 특정 업무 영역의 경험이 되었건 해당 영역의 전문성을 충분히 쌓는다면 정년 이후에도 계속해서 일할 수 있는 곳은 의외로 많이 있다고 생각해요.

주변을 보면 대부분 은퇴 이후에는 아는 지인의 사무실에서 소일거리를 돕는다거나 아무런 생산적인 활동 없이 시간을 보내는 경우가 많아요. 그런데 전문성만 가지고 있고 기존 회사나 알고 있던 네트워크를 벗어나 조금 더 넓은 시야로 지방까지 고민해본다면 정년 후에도 계속해서 일할 수 있는 곳은 생각보다 많이 있어요. 그리고 꼭 지방이 아니더라도 판교나 구로 쪽의 스타트업 회사들조차도 젊은 인재들은 많지만 의외로 인사나 재무, 회사 경영 전반에 대한 경험을 가진 시니어들은 많이 부족한 것으로 알고 있어요.

- 비슷한 나이의 분들 중에 은퇴 후 직장에서 벗어나 자유롭게 지내시는 분들도 많으실 텐데 그런 분들이 부러우실 때는 언제인가요?

제가 법적 정년의 나이를 넘겼다 보니 개인적으로 알고 있는 주변 사람들 대부분은 정년퇴직한 사람들이에요. 그리고 그런 주변 친구들이나 지인들을 보면서 부러웠던 적은 사실 한번도 없었어요. 오히려 그 사람들을 만나 이야기를 나누다 보면 집에만 갇혀 사는 사람들 같아 많이 안쓰럽게 느껴져요. 대부분 서울 지역의 아파트에 살고 있는데, 은퇴 이후로 할 수 있는 것이 없다 보니 많은 사람들이 점점 무기력해지고 쪼그라든다는 느낌이 많이 들어요. 고작 할 수 있는 활동이 주변의 친구들 가끔씩 만나는 것이고, 그나마 경제적인 여유가 있는 친구들은 가끔씩 골프 치러 나가는 정도예요. 오히려 그 친구들이 저를 부러워하고 축하해주는 경우가 많아요.

친구들 중에는 서울 반포 아파트에 살고 있는 친구들도 있어요. 그런 친구들한테는 수십억짜리 아파트를 깔고 앉아 있지 말고 정리해서 남은 여생을 즐기면서 살라고 이야기해주곤 해요. 그러면 하나같이 그렇게 해야지 하고 말은 하지만 막상 그럴 수 있는 친구들은 많지 않더라고요. 인생 공수래공수거인데 지금까지 모았다면 이제는 모았던 걸 쓰고 베풀면서 비우는 것이 필요한 나이가 아닌가 싶어요.

- 아직 재직 중이시긴 하지만 언젠가는 은퇴를 하셔야 할 텐데 은퇴에 대한 계획도 가지고 계신가요?

60세에 은퇴하는 것은 너무 빠르다고 생각했었기 때문에 65세에 은퇴하는 계획을 가지고 있었어요. 지금 회사에 현업으로 다시 오면서 2년에서 3년 일하는 것을 계획하고 있다고 회사 경영진과는 이미 이야기가 되어 있어요.

그리고 이전부터 같이 일하던 시니어 전문가 몇 명이 현재 회사에 같이 와서 일하고 있기 때문에, 제가 65세에 은퇴하게 되면 자연스럽게 그 친구들이 저의 후임으로 일을 잘해줄 것이라고 생각해요. 그런 계획과 마음으로 일을 하고 있다 보니 회사 경영진도 오히려 저에 대한 신뢰와 믿음이 더욱 크고, 저 역시 지금의 회사를 위해 봉사한다는 마음으로 편하게 일할 수 있는 것 같아요.

- 은퇴를 결정하시게 된다면 은퇴 결정의 가장 중요한 이유는 무엇이 될 것 같으세요?

아무래도 제1의 인생은 태어나서부터 대학교 졸업과 사회 초년생 때까지일 테고, 제2의 인생은 결혼해서 아이 낳아 키우면서 은퇴할 때까지이고, 그리고 은퇴 이후에는 나만의 삶인 제3의 인생도 당연히 살고 가야 하지 않을까 싶어요. 그래서 65세라는 나이를 나름 중요한 은퇴의 기준으로 잡고 있어요. 그때가 되면 손자, 손녀들 재롱도 보면서 남은 여생을 온전히 즐기면서 보낼 수 있을 것 같아요.

- 은퇴를 위해 따로 준비하고 계신 것이 있나요?

은퇴를 위해 따로 준비한 것은 없었어요. 다만 20년 전쯤 당시 근무하던 회사에서 임직원들을 대상으로 아파트와 전원주택 중에서 선택해서 분양하는 행사가 있었는데, 전원생활에 대한 미련이 항상 있었기 때문에 아파트보다는 전원주택을 선택해서 저렴한 가격에 분양받아둔 게 있었어요. 물론 재테크적으로는 아파트 가격이 훨씬 많이 올랐지만, 그때 싸게 분양받아둔 전원주택이 자연스럽게 은퇴 준비가 되었어요.

그리고 나이가 들면서부터는 주말에 가끔씩 내려가서 전원주택을 가꾸고 수리해두었고, 지금은 가족들과 1주일에 2~3일씩은 그곳에서 시간을 보내고 있어요. 지금은 오히려 원래 거주하고 있던 분당 아파트는 비위두고 아내와 함께 전원주택에서 보내는 시간이 훨씬 많아졌어요.

- 은퇴 이후에 참여하실 커뮤니티나 사회 활동에 대해 미리 고민해 두신 것이 있나요?

지금은 풀타임 현업으로 다시 돌아와 일을 하게 되면서 개인 활동에 신경 쓸 겨를이 거의 없어요. 제가 근무하는 회사가 바이오 산업 쪽이라 업무에 관련된 다양한 국내 모임과 글로벌 행사, 이벤트 등에 참여하는 활동은 하고 있지만, 개인적인 사회 활동은 오히려 시간이 부족해서 지금은 거의 못 하고 있어요.

업무에 조금 더 익숙해지면 이 부분은 조금 더 고민해봐야 할 것 같아요.

- 은퇴 전에 가장 중요하게 고민하고 준비해야 하는 것은 무엇이라고 생각하나요?

저는 운이 좋게도 은퇴 후에 지낼 수 있는 지방 전원주택을 자연스럽게 준비할 수 있었어요.

은퇴를 고민해야 하는 나이가 된다면 원하는 환경의 장소를 물색하고, 적어도 은퇴 5년 전에는 전원주택 준비를 시작하는 것이 좋아요. 주변에 괜찮은 산책로나 등산로가 있는지도 살펴야 하고, 동네 공기도 직접 확인해야 하고, 환경과 풍수지리도 살펴야 하기 때문에 원하는 장소를 물색하는 것이 생각보다 시간이 오래 걸려요. 그래서 은퇴하기 전부터 시간이 되면 먼저 전원주택으로 좋은 장소와 터를 알아보는 것도 중요해요. 그리고 터를 먼저 장만한 후 조금씩 조금씩 주택과 주변을 정리하면서 준비해가면 됩니다.

은퇴 후에 아파트 생활을 하는 친구들을 보면 인생을 조그만 건물에 갇혀 지내는 것 같아 안타까운 생각이 많이 들어요. 직장생활 할 때는 항상 출근을 하기 때문에 잘 모르지만, 사회생활이 갑자기 없어지면 아파트에서는 할 수 있는 게 너무 없어요.

전원주택에서는 집을 수리하거나 텃밭을 일구고, 계절별로도 꽃을 피우고, 잡초를 제거하고, 나뭇잎을 쓸고, 가지치기를 하고, 장작을 준비하고, 눈을 쓰는 등 매일매일 해야 하는 일들이 계속해서 생기고 거기서 삶의 또 다른 재미와 의미를 찾아갈 수 있어요. 장기적으로는 그렇게 집을 가꾸는 일상이 치매 예방에도 큰 도움이 될 수 있고요. 그리고 저의 경우는 젊었을 때 음악 듣는 것을 좋아했는데, 아파트에서 생활할 때는 층간소음 때문에 음악을 크게 틀어놓고 들을 수가 없었어요. 항상 헤드폰을 끼고 들어야 했고 그러다 보니 음악이 제대로 들리지 않아 한동안 그 취미를 내려놓고 있었어요. 그러다 지금의 전원주택에 음향시설을 하나씩 준비하고 방음처리도 해서 지금은 바닥에서의 진동도 느낄 수 있을 정도로 원하는 사운드의 음악을 즐길 수 있게 되었어요. 다시 음악 고유의 소리를 느낄 수 있게 되어 너무 만족스러워요. 음악을 크게 틀어두고 집 밖에 나가서 들어보면 정말 아무런 소리도 들리지 않아 주변에 피해도 전혀 없더라고요.

아내도 젊었을 때는 지방의 전원주택 생활을 좋아하지 않았지만, 지금은 저보다 더 좋아하는 것 같아요. 전원주택에서 정원에 핀 꽃도 보고, 계절도 즐길 수 있고, 심적으로도 많이 편하고 안정적이 되어가는 것 같아요.

- 정년을 앞둔 사람들이나 은퇴를 준비하는 사람들에게 꼭 해주고 싶은 말씀이 있다면 어떤 이야기를 전해주고 싶으신가요?

만약에 정년 이후에도 계속 일을 찾아서 하고 싶다면, 그게 기술이 되었건, 경영이 되었건, 인사가 되었건, 구매가 되었건 현재 자신이 하는 일에 진심으로 열정을 담아 일을 해서 전문성을 높이는 것이 중요하다고 생각해요. 그리고 또 하나 중요한 것은 자신의 일만 보지 말고 시야를 조금 더 넓혀서 내 일을 통해서 도움을 줄 수 있는 곳이 어디 있을지에 대해 고민하면서 장기적으로는 자신이 도움을 주고 공헌할 수 있는 관계와 영역을 넓혀두는 것이 좋아요.

은퇴한 친구들을 만나면 거의 모든 친구들이 과거의 이야기만 합니다. 현직에서 떠나고 조직을 떠나면서 자신의 입지도 좁아졌겠지만 현재나 미래에 대한 희망이나 목표가 사라지면서 그렇게 되는 것 같아요. 나이가 들면서 몸의 노화도 있지만, 은퇴한 주변 사람들을 보면 정신적으로도 한순간에 늙게 되는 것 같아 안타까운 생각이 많이 들어요.

하지만 자신의 경험이나 일에서 전문성을 만들게 되면 은퇴 이후에도 더 많이 도움을 줄 수 있는 곳을 찾을 수 있고, 은퇴할 때쯤이면 오히려 주변에서 먼저 알고 제안을 줄 수도 있어요. 저 같은 경우에도 지금 회사에서 지의 은퇴 시기를 미리 알고 먼저 찾아와 제안을 해준 경우였어요.

과거에 머무르지 말고 항상 현재와 미래에 대해 이야기하고 고민하는 것이 중요해요.

5 ⟶ 직장을 다니면서 은퇴를 준비하고 있는 J씨

- 아직 직장생활 중이신데 은퇴에 대해 어떻게 생각하시나요?

은퇴라는 표현 자체는 별로 좋아하지 않아요. 은퇴는 한참 전에 만들어진 제도로 사회에서의 분리나 소외를 의미한다고 해요. 자기 본연의 일을 마치고 사람이 없는 곳으로 가서 숨어서 은둔한다는 함축적 의미가 있어요.

우리나라도 모든 국민을 대상으로 하는 연금제도가 1970년대 초에 시작되면서 은퇴 나이를 60세로 잡았는데, 당시에는 평균수명이 길지 않았기 때문에 은퇴 나이를 60세로 잡았죠. 하지만 지금은 기대수명이 늘어나면서 60세 이후부터 죽기 전까지 너무 긴 시간이 남아 있어요. 더구나 신체 연령도 훨씬 젊어졌기 때문에 60세 이후에도 적극적이고 활동적인 삶이 가능해요.

그래서 저는 은퇴보다는 제 나름대로 이름을 붙여 인생 2막이라고 부르고 싶어요.

- 지금 직장을 다니고 계신데 직장생활 경험에 대해 간단히 설명 부탁드립니다.

저는 현재 외국계 글로벌 기업에서 일하고 있어요. 직장생활을 시작할 때 이런 직업이 있는지 미리 알고 선택한 것은 아니었어요. 당시에는 "전자공학이나 전산과 졸업하면 취업은 보장된다"라고 해서 과를 선택했고, 대학교 졸업하면서 당시에는 삼성, 현대, 엘지 등 대기업에서 졸업생들을 그냥 뽑아가는 시대였어요.

제가 이 일을 특별히 좋아해서 한 것도 아니었고, 직업의 의미를 찾아 직장을 구한 것도 아니었어요. 대학을 졸업하고 취직할 때가 되어 자연스럽게 취업을 한 거였죠. 지금과 달리 당시에는 취업을 위한 기준이 상당히 낮았어요. 4년제 대학을 졸업하면 대부분의 경우 대기업에 취직되는 게 일반적이었고, 그렇게 1995년에 직장생활을 시작해서 어느새 27년이 되었네요.

다시 생각해봐도 제가 이 직업이 좋아서, 아니면 이 직업을 찾아서 한 적은 없었던 것 같아요. 처음 회사라는 곳에 발을 들여서 여기까지 왔고, 운이 좋게도 좋은 업종에서 일을 시작하게 되면서 다른 사람들보다는 조금은 더 좋은 조건으로 회사를 다녔던 것 같아요.

생각해보면 직장이라는 것이 제 자신의 선택이 아닌, 그냥 다들 가니까 따라가는 당연한 일처럼 여기고 살아왔던 것 같아요.

- 직장생활을 하시면서 은퇴에 대해 고민해보신 적은 없나요?

은퇴 이후에 선택하게 되는 일은 그게 어떤 종류의 일이 되었건 은퇴 이후의 나머지 인생에서 지속 가능해야 한다고 생각해요. 그런데 지금 회사에서 하고 있는 일들은 주어진 역할에 대해 수많은 사람들, 팀들과 엮여서 처리해야 하는 일이에요. 그건 회사 내에서 하나의 부속품으로서 존재할 때만 가능한 일이지, 조직을 떠나 혼자서는 지속할 수 없는 생산 활동이에요.

그런 생각은 젊었을 때도 했고, 두려운 마음에 30대 중반에 요식업으로 창업을 했던 적이 있어요. 거의 모든 자산을 투자했고 생계를 위한 활동이었기 때문에 정말 열심히 치열하게 일을 했어요.

요식업은 자신의 노동에 대한 몸값을 가져가는 비즈니스예요. 몸은 힘들고 노력도 많이 들어가지만 생각만큼 ROI(투자자본수익)이 나오기 어렵다는 것을 알게 되었죠. 직원도 7명까지 있었지만, 내 몸이 힘들다고 직원을 무작정 늘릴 수만도 없는 노릇이더라고요.

젊었을 때는 새로운 도전에 실패하더라도 다시 일어설 수 있는 에너지가 있어요. 저는 그 나이가 최대 40대까지는 가능하다고 생각해요. 50 이상의 나이에서는 실패로부터 회복하는 것이 쉽지 않아요. 저는 30대에 제가 가진 모든 것을 올인해서 요식업을 했었고, 실패했지만 다시 일어설 수 있는 시간과 에너지가 있었어요.

제가 27년, 아내가 31년째 직장을 다니고 있는데, 오랫동안 둘이 맞벌이를 하다 보니 여유롭지는 않지만 경제적인 부분도 조금은 준비된 것 같아 지금 생각해보면 참 다행스럽기도 하고 감사한 것 같아요.

그때의 경험으로 많은 것을 배울 수 있었고, 지금 다시 은퇴를 고민하고 있지만 당시 요식업을 하다가 그만뒀을 때와 지금 생각하는 은퇴 이후의 인생 2막은 완전히 다른 삶이 될 것 같아요.

코로나가 터지기 전까지는 아침부터 저녁까지 하루하루를 바쁘게 지냈기 때문에 은퇴에 대해 생각할 겨를이 없었어요. 그런데 코로나가 시작되고 1년쯤 지나면서 앞으로도 이런 생활이 계속된다면 직장에서의 현재 내 생활과 내 역할이 지속 가능할까 하는 고민이 들기 시작하더라고요. 그리고 작년 이맘때쯤 진지하게 생각해보니, 현재의 직업을 오래 계속할 수 없다는 것이 분명한 사실로 받아들여졌어요.

인생 1막에는 내가 교육받은 대로 열심히 직장을 다녔다면, 인생 2막에는 내가 하고 싶고 오래 할 수 있는 일을 찾아서 해야겠다는 생각이 강하게 들었어요.

- 은퇴 고민을 시작하게 된 배경이나 계기가 있었나요?

코로나가 없었다면 아마도 이전 직장생활 때와 똑같이 지내고 있었을 것 같아요. 1주일에 두세 번은 동료들이나 친구들과 술을 마시고, 가끔씩 골프 치러 다니고, 계절별로 워크샵도 가서 회사에서 받은 스트레스를 풀면서 그런 생활을 즐기고 있었겠죠. 그런데 그런 생활은 직장생활을 할 때나 가능하고 결국에는 끝이 있다는 생각이 강하게 들었어요. 그 생활을 조금 더 연장시킬 수는 있겠지만 가까운 미래에 분명한 끝이 있다는 것을 모르고 살았던 거죠.

그러다가 코로나가 터지면서 사람들과의 관계와 활동들은 모두 사라지게 되었고, 회사에서 하던 일들이 대부분 오프라인 중심의 일들이었는데 온라인으로 급작스럽게 바뀌면서 일도 제대로 풀리지 않고 회사에서도 제대로 인정을 받지 못했어요. 일하는 것은 점점 힘들어지고 일에 대한 의욕도 사라지면서, 코로나 첫 1년 동안은 지치기도 많이 지치고 정말 힘든 시간이었어요. 혼자 술 마시는 횟수도 늘어나면서 사람이 많이 피폐해지더라고요.

그러던 중 만약에 내 생활이 코로나 이전 시절로 다시 돌아간다면, 과연 나 스스로 행복할까 하는 질문을 하게 되었어요. 회사 일에 내 모든 열정과 에너지를 갈아넣고 쏟아붓는다면 최대 5년 정도까지는 버틸 수 있겠다는 생각도 들었지만 그 이후에 대해서는 도저히 답이 보이지 않았어요. 한번도 그런 생각을 해본 적이 없었으니 정말 막막했죠.

운이 좋아서 남은 회사생활 동안에 지금보다 훨씬 많은 돈을 모을 수 있다면, 그나마 은퇴 후에도 가끔씩 골프도 치고, 2주에 한 번씩 친구들 만나서 술도 한잔할 수 있겠죠. 그런데 이게 정말 다인가 하는 생각을 하는데 이게 다일 수밖에 없다는 생각이 들었어요.

그때 이후로 진지하게 생각하고 준비를 시작하면서, 지금은 오히려 너무 늦지 않게 조금이나마 일찍 깨어날 수 있게 되어 천만다행이라고 생각해요.

저한테 코로나는 정말 힘들고 어려운 시간이었지만, 한편으로는 미래를 고민하고 준비할 수 있게 해준 소중한 시간이 되어주기도 했어요.

- 인생 2막을 고민하시면서 은퇴 이후에 하고 싶은 일을 찾으셨나요?

인생 2막에서 할 일을 찾는 데 6~7개월 정도 걸렸어요. 개인적으로 그림 그리는 것도 좋아하고, 와인 만드는 것도 좋아해요.

많은 사람들이 좋은 취미가 있어서 좋겠다고 하지만, 퇴직 이후 인생 2막에서는 내가 가지고 있는 기술이나 내가 하고 싶은 일이 생산적인 활동으로 이어져야 된다고 생각해요. 그런데 와인 만드는 일이나 그림 그리는 일은 경제적으로는 그렇게 생산적이지 못해요.

요즘 지역마다 다양한 전통주를 만들어 판매하는 회사나 사람들도 많고 저 역시 와인 만들기를 10년 넘게 취미로 즐기고 있지만, 그 일을 전문적으로 할 정도는 아니고 경제적으로도 적합하지 않다고 생각했어요.

은퇴 후 할 일에 대해 생각하면서 큰 수입은 아니더라도 경제적인 활동으로 이어지는 일을 찾고 싶었어요. 그 활동을 통해 사회에 대한 기여와 경제적인 수입을 동시에 이룰 수 있기를 바라고 있어요.

그래서 몇 달 동안 유튜브에서 은퇴 후에 각광받는 자격증이나, 회사에서의 역할이 아닌 개인으로서의 1인 1기술에 관련된 콘텐츠들에 대한 정보들을 수집하고 벤치마킹을 하면서, 도대체 나한테는 뭐가 맞을까에 대해 다각적인 방면에서 고민해보았어요. 그렇게 해서 찾은 게 가구 제작과 우쿨렐레 연주였어요.

- 은퇴 후 하고 싶은 일들은 어떤 기준에서 선택하셨나요?

부모의 슬하에서, 부모가 만들어준 텃밭에서 배우고 자라고 직장을 찾아 사회생활을 시작하는 게 초년 30년이었고, 그다음은 직장생활을 하면서 내 가정을 이루고 가족들과의 경제생활을 영위했던 게 중년 30년이었고, 앞으로는 온전히 나의 기준에서, 나를 위해, 내가 직접 선택해서 살아가야 하는 말년 30년이라고 생각해요. 은퇴 후 30년은 생계를 위한 일이 아니라 내가 정말 하고 싶은 일을 선택해서 살아가고 싶어요.

저는 은퇴 이후의 일을 선택하는 데 있어 가장 중요한 기준을 배움과 나눔으로 잡았어요. 운동이 되었건, 게임이 되었건, 악기가 되었건, 언어가 되었건, 재미있어서 배우는 활동은 사람에게 에너지가 돼요. 배움을 통해 하루하루가 새롭고 즐겁게 다가오죠. 하지만 시간은 많지만 배움이 없는 삶은 정말 지루하고 힘든 하루하루로 이어지게 돼요.

배움의 주제를 정할 때도 2가지 기준을 두고 선택했어요. 하나는 자신이 정말 순수하게 즐길 수 있는 주제여야 하고, 다른 하나는 금액은 적더라도 경제적인 활동으로 이어질 수 있는 배움을 가져보자는 것이었어요.

그렇게 해서 결론적으로 즐거움을 줄 수 있는 배움으로는, 옛날부터 배우고 싶었고 젊었을 때 잠깐 배우다 그만두었던 우쿨렐레를 다시 배우기로 했어요. 작년 말부터 시작해서 지금은 기본적인 노래는 연주도 하면서 재미있게 배워가고 있어요.

두 번째 경제적인 활동으로 이어질 수 있는 배움으로는 3D 프린트나 드론 등 제가 좋아할 만한 다양한 주제들을 두고 고민해보았어요.

나이가 들면 시간이 많아지고, 특히 직장을 그만두는 순간 하루 10시간 이상의 여유시간이 생기게 돼요. 그런데 그 시간 동안 직장생활 때 했던 것처럼 머리 아프게 자료를 만들고, 긴장해서 발표를 하고, 항상 누군가의 눈치를 살피면서 하는 일들은 설령 좋은 기회가 생긴다고 하더라도 절대 다시 하고 싶지 않아요. 은퇴 이후에는 제가 정말 좋아하고 하고 싶은 일들을 하면서 시간을 보내고 싶어요.

그렇게 다양한 활동들 중에서 제가 지치지 않고, 질리지 않고, 계속해서 할 수 있는 것이 무엇일지 고민해서 최종적으로 선택한 것이 가구 제작이었어요.

이전부터 소나무 향을 좋아했는데 톱질을 하고, 끌질을 하고, 대패질을 하며 소나무 향을 맡으면서 '이 일이 내가 정말 좋아하는 게 맞구나'라는 생각이 많이 들었어요. 그렇게 배움을 시작한 이후로 정말 재미있게 집중해서 열심히 하고 있어요. 아직 1년이 안 되었지만 중급반 과정을 마치고 가구 제작도 이미 시작하고 있어요.

가구 제작은 엄청난 집중력이 필요해요. 설계가 잘못되어 선이 어긋나거나 미세하게 톱질이 잘못되면 서로 아귀가 맞지 않아 안 맞는 부분을 끌로 일일이 파내야 하거든요.

그림을 그릴 때도 집중하는 것을 좋아했고 와인을 만들 때도 맛을 맞추기 위해 초집중을 해야 하는데, 가구 제작 역시 제 적성에 잘 맞는 것 같아요.

올해 5월에 가구 제작 기능사 자격증을 따려고 준비하고 있어요. 그다음은 설계까지 공부해서 가구 제작 기사 자격증까지 따보려고 계획을 세워두었어요.

가구 제작 기능사 시험에는 설계 부분이 없고, 필기 시험을 보고 주어진 시간에 해당 가구를 제작하면 돼요. 하지만 가구 제작 기사는 가구 설계까지 할 수 있어야 해요. 지금은 손으로 간단한 설계를 하고 있지만, 다음 단계로는 가구 설계 앱과 설계 방법을 배워야 해요. 그런 계속되는 배움을 통해 스스로 삶의 가치와 재미를 찾아갈 수 있는 것 같아요.

또 하나의 선택 기준은 나눔이었어요. 나눔 활동을 통해 여유가 있는 사람들에게 나눔의 대가를 받을 테고, 여유가 없는 사람들에게는 나눔을 주면서 그 자체만으로도 저의 자존감을 높이면서 보람도 느낄 수 있다고 생각해요.

시간과 노력을 들여 만든 가구가 잘 만들어지면 경제적인 결과로 이어질 테고, 그 정도가 아니라면 주변에 선물을 하면서 삶의 기쁨과 보람을 만들어낼 수 있을 것으로 생각하고 있어요.

- 좋아하는 일을 하면서 경제적인 결과로 이어지게 하는 것이 쉬운 일은 아닐 텐데요. 목표하시는 금액이 있나요?

지금도 지인들에게 가구를 만들어서 선물하고 있긴 해요. 지금은 재료비만 받고 가구를 만들어주는 정도의 수준이지만, 1년쯤 후에는 재료비 외에 저의 노동과 노력의 대가도 받을 수 있을 것으로 기대하고 있어요.

그렇다고 큰 수익을 바라거나 하는 건 아니에요. 제가 기대하는 월 수입은 개인 생활비로 쓰기 위한 월 50만 원 정도예요.

은퇴 후 매일 10시간씩 가구 제작만 하고 있을 수는 없겠지만, 하루 5~6시간 정도는 땀 흘리면서 좋아하는 일을 할 수 있을 테고, 그런 활동을 통해 자연스럽게 소비 활동이 줄어들고 돈을 안 쓰게 되면서 버는 것만큼의 효과가 있을 것으로 기대하고 있어요. 그래서 실제로는 50만 원을 벌지만 하루의 시간을 보낼 수 있는 소중한 활동으로 150만 원 정도의 반사 수익을 포함하면 월 200만 원 정도의 가치를 생산할 것으로 기대하고 있어요.

나이가 들면 제품을 파는 것이 아니라 경험을 팔고 공유하는 것이 중요하다고 생각해요. 그래서 나중에는 가구를 만드는 과정을 녹화해서 소셜미디어에 올려볼 계획이에요. 누군가는 영상을 보면서 배울 수도 있을 테고, 직접 경험해보고 싶은 사람들은 공방으로 찾아와서 작품도 같이 만들어보고 제 경험도 나눌 수 있게 하고 싶어요.

은퇴 후에는 제가 좋아하는 일들로 시간을 보낼 수 있으면 좋겠고, 그중에 일부 활동은 적으나마 경제적인 보탬이 되었으면 좋겠어요. 이전처럼 생계를 위한 벌이는 아니겠지만, 하고 싶은 일을 하면서도 적은 돈이라도 벌이로 이어지게 하려고 해요.

- 은퇴 후 많은 분들이 사회적인 관계에 대해 고민하시는데, 관계 관

리에 대한 생각을 나누어주실 수 있을까요?

저도 그렇지만 많은 사람들이 인생 2막에 대해 "어디서, 누구랑, 무엇을 하고 살 것인가?"에 대해 스스로 질문을 많이 한다고 해요.

저 역시 '어디서'에 대한 질문도 해보았고, 앞에 말씀드린 것처럼 '무엇을'에 대한 생각도 해보았고, '누구랑'에 대해서는 지금 관계 정리를 해나가고 있는 과정에 있어요.

은퇴 후 인생 2막에서는 배움과 나눔 외에 또 하나의 중요한 것이 연결이라고 생각해요. 그중에서도 제일 소중한 것은 당연히 가족과의 관계가 될 거예요. 은퇴 후에도 여전히 진솔하게 최선을 다해서 저의 가족을 잘 보살피고 보호해야 되겠죠. 그리고 두 번째는 제가 살아오면서 맺어온 인연 중에 계속할 수 있는 관계를 만드는 것인데, 그렇게 많을 필요는 없지만 서로의 삶을 나누고 공유할 수 있는 사람들을 만들어가려고 노력하고 있어요.

오랫동안 꾸준히 만나고 연락하며 지내온 사람들이 있는가 하면, 직접 만나본 적은 없지만 온라인 커뮤니티에서 3~4년 같이 활동하면서 온라인으로 친해진 사람들도 있어요. 오프라인에서 오랫동안 인연을 맺어온 지인들뿐만 아니라, 소셜미디어에서의 관계도 몇 개 만들어가고 있어요. 소셜미디어에서의 인연은 자주 만나기는 힘들지만, 앞으로도 계속 연락하고 싶은 사람들과는 메신저나 소셜앱을 통해 서로 연결을 만들면서 준비를 하고 있어요.

소셜미디어에서의 만남은 서로의 개인사까지 공유하지는 않아요. 그래도 어느 정도 비슷한 생각과 사상을 가진 사람들이 모이게 돼요. 소셜미디어 활동의 목적 자체가 자신의 일상을 보여주고, 다른 사람의 일상을 보고, 서로의 생각을 공유하면서 외롭지 않으려고 하는 활동들이잖아요. 특히나 요즘은 남녀노소 없이 소셜미디어에서 활동하는 시간이 점점 많아지고 있어요. 저 역시 유독 서로 댓글을 달아주고 공감해주는 몇몇 사람들이 있어요. 그 사람들과는 앞으로도 소셜미디어에서 계속해서 만남을 가질 테고, 그런 관계 역시 우리가 준비해야 하고 함께 살아가야 하는 관계의 하나라고 생각해요.

- 인생 2막에 대해 "어디서, 누구랑, 무엇을 하고 살 것인가?"에 대한 스스로의 질문이 재미있네요. '어디서'에 대해서도 정하셨다고 하셨는데 말씀해주실 수 있을까요?

강원도에 집 지을 땅을 사서 건축 설계까지는 마쳤고, 지금 건축 심의가 들어가 있어요. 심의 결과가 다음 주에 나오면 3월 중순이나 4월에는 공사를 시작할 수 있을 거예요.

그 집은 저만의 놀이터가 될 거라고 생각하고 있어요. 편히 쉴 수 있는 주거의 목적과 함께 제가 온전히 즐기고 사용할 수 있는 나만의 공간인 카페 공방을 만들려고 해요. 1층은 카페 공방, 2층은 주거, 옥상은 다락방과 넓은 테라스로 설계했어요.

이런 준비를 위해 아내를 오랫동안 설득해왔어요. 다니고 있는 공방에서 가구를 만들어 처제들에게 선물하기도 했어요. 열심히 자격증을 준비하고 정말 진지하게 고민하는 저의 모습을 보면서, '이 사람이 회사를 나오면 보낼 수 있는 공간이 필요하겠다'라고 이해해준 것 같아요. 아내의 동의 이후, 많은 돈이 들어가지 않도록 강원도 지역에 카페 공방을 만들기로 했어요.

당장 다음 달부터 집을 짓기 시작해야 하기 때문에 마음이 급하기도 하고, 많이 기대되고 설레기도 해요. 지금 사는 집에는 벌써부터 제법 많은 공구들을 준비해뒀어요.

가을쯤 집을 다 짓고 나면 새집에 필요한 모든 가구와 집기들은 제가 직접 만들 계획이에요. 그리고 그 과정을 일기처럼 하나하나 영상을 뜨면서 2~3년 동안 하나씩 만들어갈 계획이에요.

- '어디서'에 대한 은퇴 이후의 공간을 선택하실 때는 어떤 기준으로 찾으셨나요?

저한테 집은 항상 특별한 의미를 가지고 있는데, 한국 사람들의 집에서의 생활이 전혀 행복해 보이지 않았어요. 아파트든 빌라든 일반적으로 한국에서 집이라고 하면 방은 몇 개에, 부엌과 거실은 어떤지, 화장실은 몇 개인지, 사실 이게 전부라고 생각해요. 말 그대로 주거 목적의 집인 거죠. 그런 집에서 나만의 삶을 찾기는 쉽지 않아요. 내가 살고 싶은 삶에 맞춰 지은 것도 아니고, 원하는 활동을 할 수 있게 꾸미는 것도 쉽지 않아요.

내가 하고 싶은 일을 할 수 있는 공간, 내가 머무르고 싶은 공간으로 집이 만들어진다면 집에서 할 수 있는 일들, 즐길 수 있는 일들이 너무 많아지겠다는 생각을 했어요. 물론 사람들도 초대하고 나도 지낼 수 있도록 거주 공간도 있어야겠지만, 그 외에도 내가 하고 싶은 목공 일을 마음껏 할 수 있는 공방과 여유롭게 차와 커피를 마실 수 있는 카페도 만들고 싶었어요. 그리고 집 주변도 나만의 공간으로 천천히 가꾸어가면서, 아파트가 아닌 나만의 집에 대한 생각들을 했어요. 새로운 공간으로 준비하고 있는 곳이 강원도라 조금 멀긴 하지만 새로 짓는 집이 꿀 발라둔 것처럼 언제라도 가고 싶은 곳이 된다면 거리는 아무런 문제가 되지 않을 것 같아요. 물론 서울에서 가까우면 좋겠지만 서울 근교는 경제적으로 부담이 커서 생각도 할 수 없었어요.

지금 아내와 살고 있는 아파트도 살기에 나쁘지는 않아요. 하지만 문을 열면 시원한 공기를 마시고 싶고, 내가 하고 싶은 일을 마음껏 할 수 있는 공간을 꼭 만들고 싶었어요. 지금은 아파트의 조그만 방 안에서 층간소음 생길까 조마조마하게 대패질이나 끌질과 같이 소리 안 나는 작업들 위주로 숨어서 작업하고 있어요. 새로운 공간에서는 주변 눈치 보지 않고, 소음도 신경 쓰지 않고, 큰 공구들도 마음껏 사용하면서 따뜻한 햇볕 아래서 마음껏 일하고 싶어요. 그리고 사람들이 찾아오면 맛있는 커피와 차도 대접하고 함께 마실 수 있는 카페 공간도 만들려고 해요.

- 직장생활을 하면서 준비하고 계신데, 은퇴 준비를 고민하시는 분들한테 나누어주실 팁은 없을까요?

회사원이 아닌 개인으로서 하루 10시간을 생산적으로 보낼 수 있는 준비를 마무리하기까지는 지금부터 넉넉히 2년이면 될 것 같아요. 아직은 회사에서 하는 일이 있고 조금은 더 다닐 수 있으니 회사 일에도 최선을 다하고는 있지만, 이 준비에만 집중한다면 6개월 후에도 가능할 것 같긴 해요.

준비하는 일들이 대부분 토요일과 일요일에 집중되어 있는데, 주말에 다른 잡생각들이 없어지면서 회사 일도 오히려 더 열심히 하게 되는 것 같아요.

새로운 활동으로 인한 동기부여도 되지만, 중요한 것은 퇴직에 대한 준비 없이 처절하게 회사 일만 바라보고 살았을 때는 혹시나 도태되거나 남들보다 못하면 어쩌나 하는 걱정들이 항상 스트레스로 다가왔어요. 그런데 이 일을 준비한 이후로는 오히려 마음이 편하고 즐거워진 것 같아요.

모든 것에는 케즘이 있잖아요. 처음 고민을 시작했을 때는 별 볼 일 없었고, 내가 정말 잘해낼 수 있을까 하는 걱정이 훨씬 컸어요. 그렇게 조금씩 생각이 정리되고 하나둘씩 준비되어가면서 케즘 단계를 뛰어넘게 되고, 할 만하겠다는 자신감이 생기게 되었어요.

그리고 직장생활을 하면서 은퇴를 위한 새로운 시작을 준비할 때는 연말연시에 하는 것이 좋아요. 저도 연말에 준비를 시작했는데, 만약에 연중에 시작했더라면 중간에 일이 바빠지고 마음도 급해지면서 조금 진행하다가 일에 쫓기면서 그만뒀을 가능성이 커요.

11월에 준비를 시작하고 12월 중순쯤에는 정리도 잘 안 되고 짜증도 나고 하면서 그만둘까 하는 생각이 몇 번이고 들었어요. 하지만 12월 중순이 지나고 연말연시가 되면서 회사 일은 많이 한가해지고, 저녁이나 주말에는 딱히 할 일도 없어지고, 긴 연휴까지 겹치면서 한고비를 넘기고 준비를 계속 이어갈 수 있었어요.

그리고 갑자기 직장을 그만두게 된 주변 사람들을 보면 처음 2~3개월은 자유를 만끽하면서 대부분 좋다고들 해요. 하지만 6개월에서 1년쯤 지나면 사회에 대한 기여가 사라지면서 낮아진 자존감으로 많이들 힘들어하더라고요. 그런데 자존감보다 훨씬 큰 어려움은 시간과의 싸움이라고 생각해요. 은퇴를 하게 되면 시간은 정말 많아지게 되는데,

준비가 안 된 상태에서 은퇴를 맞이하게 되면 길어진 하루에 마땅히 할 만한 일들이 없어요. 딱히 할 게 없다 보니 비슷한 처지의 사람들을 찾아 산을 오르고 낚시터를 다니는데 그렇다고 산이나 낚시터를 매일 갈 수도 없는 노릇이잖아요. 그래서 저는 은퇴 후에 많아지는 시간을 어떻게 쓸 것인가에 대한 고민을 많이 했고, 앞에서 말씀드린 배움과 나눔으로 하고 싶은 일을 찾아가게 되었어요. 그런 측면에서 은퇴하는 사람들의 가장 큰 첫 번째 고민은 시간이고, 가능하면 은퇴 이후 10시간의 시간을 생산적으로 보낼 수 있는 활동을 찾아두는 것이 좋아요.

그런 일을 찾을 때는 본인이 잘하는 일보다는 본인이 재미있게 할 수 있는 일, 최소한 스트레스 받지 않고 싫지 않게 할 수 있는 일을 찾기를 바라요.

- 일에 대한 독립을 정말 많이 고민하시고 준비도 많이 하신 것 같아요. 경제적인 독립에 대한 걱정은 없으신가요?

경제적인 부분도 당연히 걱정은 많이 돼요. 이전에는 경제적인 이유로 퇴직을 항상 망설였고 최대한 오랫동안 회사를 다녀야만 한다는 생각이 지배적이었어요. 그러다 보니 임원진으로부터 칭찬과 인정을 받고 싶은 욕심이 커지고, 빨리 승진하고 싶은 욕구도 상당히 컸어요.

지금은 생각이 많이 바뀌어서 경제적으로 완전한 독립은 어렵다고 생각해요. '내가 경제적으로 독립이 되면 그때 어떻게 하겠다'라고 하면 은퇴 이후의 준비가 너무 늦어지거나 그런 순간이 오지 않을 가능성이 높다고 생각해요. 저는 27년 직장생활을 했고 아내는 31년을 했어요. 잘 모르는 사람들은 맞벌이로 그만큼 벌었으면 이제 직장생활 그만두고 인생 즐기면서 살아도 되겠다고 하지만 실상은 그렇지 않아요. 금수저로 태어나지 않은 이상 대부분의 일반적인 가정이 비슷할 거라고 생각해요.

아내랑 정리를 해봤는데 우리 집은 소비에 사치가 거의 없어서 매월 생활비를 그렇게 많이 쓰지 않아요. 보험료와 연금이 조금 많이 들어가긴 하지만, 기본 생활비는 정말 적게 사용하고 있어요.

연금은 65세 이후부터 받을 계획이에요. 그러다 보니 65세까지는 수입이 꼭 필요해요. 일반적인 가정보다 아무리 절약해서 생활한다고 하더라도 직장생활 없이 세 가족의 한 달 생활비를 마련하는 것은 결코 쉽지 않아요. 다행히 새롭게 시작한 부동산 임대수익 하나가 있는데 월 90만 원 정도의 수익을 내고 있고, 또 다른 하나는 내후년부터 월 50만 원 정도의 수익이 가능할 것 같아요. 물론 부동산을 뺀 현금성 자산으로 투자 활동도 일부 하고는 있지만, 거기서 나오는 수익은 일정하지 않고 아직까지 수익률이 그렇게 좋지도 않아요.

지금 계획은 2년 후에 은퇴하게 되면 저는 지방에서 소비를 줄이고 공방카페로 월 50만 원을 벌어 기본 생활비로 사용하고, 아내와 아이는 서울에서 월 300만 원 선에서 살 수 있을 것으로 계획하고 있어요.

- 은퇴를 준비하는 데 여전히 가장 고민되고 걱정되는 부분은 무엇인가요?

작년부터 차근차근 준비해보면서 지금은 크게 걱정되는 부분은 없어요. 사실 지금 당장이라도 회사를 그만두고 공방카페에만 집중하고 싶긴 해요. 그렇게 해서 은퇴 준비를 2년이 아니라 1년보다 짧게 당기고 싶은 게 제 욕심이에요. 하지만 아내의 의견도 존중해야죠. 아내는 상당히 실속형 사고를 좋아해요. 벌 수 있을 때 최대한 벌어두자는 주의죠.

그래서 제 스스로 시간 배분을 하면서 회사 일에 70%, 주로 주말과 저녁 시간으로 은퇴 준비에 30%의 시간을 투자하고 있어요. 물론 그 중간에 조기 은퇴를 하더라도 전혀 문제될 건 없다고 생각하고, 그런 경우는 아내도 충분히 이해해줄 것으로 믿고 있어요.

사실 지금은 회사에서 잘릴까 고민하는 것이 아니라, 회사를 언제 나갈까 생각하게 되면서 마음은 정말 편하고 솔직히 많이 설레기도 해요.

저는 코로나를 계기로 준비를 시작했고, 지금은 꽤 많이 진도가 나갔지만 인생 2막에 대한 준비는 빠를수록 좋은 것 같아요.

6 ⟶ 인터뷰를 정리하며

은퇴를 경험하신 다양한 분들을 인터뷰하면서 들었던 생각은, 은퇴에 대해 저마다의 주어진 환경에서 상당히 다른 관점을 가지고 살아가고 있다는 것이었습니다.

네 분 중에 한 분은 은퇴 후의 많아진 시간을 온전히 즐기면서 보내고 계시고, 다른 한 분은 은퇴 후에도 이전 경험을 살려서 또 다른 일을 찾아서 직장생활을 계속하고 계시고, 한 분은 30대부터 직장을 떠나 자유로운 영혼으로 지내면서 자신만의 인생관을 확립해서 행복하게 살아가고 계시고, 마지막 한 분은 2년 뒤에 스스로의 의지로 은퇴를 계획하고 미리미리 준비하고 계셨습니다.

전혀 다른 환경과 조건에서 은퇴를 맞이하고 준비해가는 과정에서 정해진 정답은 없었지만, 공통된 점은 어느 누구도 은퇴나 은퇴 이후의 삶에 대해 불안이나 걱정이 없었다는 것입니다. 그 이유는 은퇴에 대한 삶의 가치 기준이 분명하고, 그에 따라 은퇴 이후에도 자기 주도적인 삶을 살아가고 있기 때문인 것으로 이해됩니다.

성공적인 은퇴가 무엇인지에 대한 기준과 정의는 개인마다 다르기 때문에 행복한 은퇴를 만들기 위해서는 성공적인 은퇴에 대한 나만의 정의와 기준을 만들고, 그렇게 되기 위해 하나씩 차근차근 준비해나가는 것이 무엇보다 중요하고 꼭 필요하다는 생각이 많이 들었습니다.

책이나 소셜미디어에서 자수성가한 수많은 사람들이 꿈을 이루기 위해서는 책『시크릿』에서 이야기하는 백 번 쓰기나 백 번 말하기를 해야 한다고 이야기합니다. 잠재된 무의식을 지배함으로써 생각과 마음이 행동을 이끌어내게 하고 결국 자신의 모습을 그쪽 방향으로 이끌어준다는 논리인데, 말이 안 되는 것 같지만 실제로 많은 사람들이 효과를 본 것은 분명 맞는 듯합니다.

하지만 무작정 백 번 쓰기나 백 번 말하기를 한다고 해서 얼마나 효과가 있을지는 모르겠습니다. 그런 반복 행동이 중요한 이유는 자신의 목표나 꿈을 자신의 생각에 반복적으로 주입함으로써 자신도 모르게 자신을 미래에 꿈꾸는 모습으로 조금씩 변화시키고 발전시킬 수 있도록 자연스럽고 구체적인 행동을 이끌어내게 하는 것입니다. 그러기 위해서는 목표하는 자신의 미래 모습에 대한 시각화나 자기 확신을 만들어낼 수 있어야 합니다.

즉, 백 번 쓰기나 백 번 말하기가 효과가 있으려면 자신의 꿈과 목표가 본인이 쉽게 납득하고 받아들일 수 있을 정도로 분명하고 간절해야 합니다.

은퇴 이후 목표하는 삶을 생각하면서 아래 질문에 답을 채워보세요.

내가 생각하는 성공적인 은퇴의 정의는 무엇인가?(예를 들어, ① 사치스럽지는 않더라도 먹고 싶은 것 먹고, 사고 싶은 것 사고, 다니고 싶은 곳 다니는 것 ② 원하는 시간에 하고 싶은 일을 하면서 나의 의지로 일을 즐길 수 있는 것 등)

스스로 성공적인 은퇴라고 판단할 수 있는 가장 중요한 3가지 기준은 무엇인가?

1.

2.

3.

CHAPTER 4

은퇴 플래닝

1 ——→   은퇴 플래닝의 중요성

    은퇴에 대한 구체적인 계획이나 준비 없이 사람에 대한 회의나 일에 대한 매너리즘으로 막연하게 은퇴를 결정하는 경우 뒤늦게 후회하거나 은퇴 이후의 생활을 힘들게 보내는 경우가 많습니다.

    욜로족이니 귀촌이니 하면서 조기 은퇴가 붐이었을 때, 은퇴를 잘 준비한 일부 사람들의 은퇴 생활이 일반적인 사람들의 은퇴 모습처럼 방송되면서 많은 사람들이 막연한 동경으로 은퇴를 결정하고 힘들어하는 경우가 많았습니다. 요즘은 코인이나 부동산, 주식 등으로 소위 대박 난 파이어족 이야기에 혹해 조기 은퇴를 고민한다는 주변 사람들의 이야기도 적지 않게 들립니다.

    아프리카 지역을 보면 넓은 초원에서 수백 마리의 산양들이 떼를 지어 다니는 것을 볼 수 있습니다. 한가롭게 풀을 뜯던 양 떼가 서로 앞다투어 점점 빨리 달리게 되면서, 갑자기 이유도 없이 방향도 없이 전체 무리가 전력 질주하게 됩니다. 그렇게 앞다투어 달리다 낭떠러지에 떨어져 떼죽음을 당하는 경우도 있습니다.

    내가 가고 싶은 곳이 어디인지, 내가 따라가는 곳이 어디인지도 모른 채 아프리카의 양 떼처럼 떼로 움직이는 군중심리로 은퇴를 결정하는 것은 너무도 무모한 도전입니다.

    양 떼가 갑자기 전속력으로 달리는 이유는 앞에 가는 양들이 풀을

다 뜯어먹고 지나가면 뒤에 오는 양들은 먹을 풀이 부족하기 때문이라고 합니다. 그래서 뒤에 오던 무리가 앞서가려고 조금씩 빠르게 앞으로 이동하게 되고, 그러면 앞에 가던 양들도 뒤의 무리가 빠른 걸음으로 밀려오므로 덩달아 자신들도 더 빨리 달리게 되면서 어느 순간 모든 양 떼가 이유도 모른 채 전력 질주하게 된다고 합니다.

서로 먼저 가려고 앞다투어 달리다 낭떠러지에 떨어지는 양 떼의 모습을 보면서 무작정 열심히만 하면 되고, 남보다 높이 올라가야 하고, 남을 이겨야 한다고 생각하면서 살아가는 우리의 회사생활과 사뭇 닮았다는 생각이 들곤 합니다.

은퇴는 아이가 처음 학교에 입학해서 학교라는 집단생활을 이해하고 친구들을 사귀어가는 과정이나, 대학 졸업 후 첫 직장에서 사회생활을 시작하면서 새로운 세상을 만들어가는 것과 마찬가지로 지금까지와는 또 다른 완전히 새로운 삶의 시작이기 때문에 정말 많이 고민하고 계획해서 준비해야 합니다.

하지만 아직도 수많은 사람들이 은퇴에 대한 아무런 준비 없이 갑작스레 은퇴를 맞이하는 경우가 많습니다. 은퇴 시기나 상황에 따라 약간의 차이는 있겠지만 제대로 된 준비나 계획 없는 은퇴는 경제적으로나 자존감에서 크나큰 재앙으로 다가올 수 있기 때문에 미리미리 대비해야 합니다.

은퇴에 대한 제대로 된 계획을 세우기 위해서는 지금 현재의 나한테 은퇴가 정말 필요한지, 은퇴를 원하는지, 은퇴를 결정하게 된다면 어떤 경우의 수가 존재할 수 있는지를 미리 예측해보고, 나의 은퇴 유형에 따라 어떻게 대처할지 계획을 세워가야 합니다.

기업에서 새로운 시장 기회를 찾아내고 미래의 비즈니스 위험을 예측해서 대비하기 위해 사용하는 시나리오 플래닝이라는 도구가 있습니다. 시나리오 플래닝을 기업이 아닌 개인을 주인공으로 적용해본다면, 개인별로 미래에 발생 가능한 은퇴 유형들을 미리 찾아내어 그에 맞는 계획을 세우고 위험에도 대비함으로써 성공적인 은퇴 설계를 해볼 수 있습니다.

2. ⟶ 자신만의 은퇴 플래닝을 위한
환경 변수 이해하기

　누구나 은퇴에 대한 준비는 필요하겠지만 현재 자신의 모습을 깊이 있게 들여다본다면, 은퇴보다는 지금의 자리에서 더 재미있게, 또 발전적으로 회사에서 성장하면서 더 나은 미래를 만들어갈 수 있을지도 모릅니다. 지금 자신에게 은퇴가 정말 필요한 상황인지를 먼저 이해한 후, 어떤 유형의 은퇴 시나리오가 가능할지를 찾아내고 준비할 수 있어야 합니다.

　개인별 은퇴 필요성이나 은퇴 유형을 이해하기 위해서는 각자의 산업과 기업과 개인의 기준에서 은퇴에 영향을 미칠 수 있는 다양한 주변 환경들을 이해하는 것이 필요합니다.

　그런 환경의 주체는 산업이나 시장의 환경 변화에 따른 시대적인 요인과 기업에서 요구하는 미래 인재상의 변화, 그리고 자신이 추구하는 삶의 가치 3가지로 나누어 분석해볼 수 있습니다.

　다양한 관점에서 우리의 은퇴 결정과 은퇴 준비 방향성에 영향을 미치는 주요 요소들을 찾아내었다면 그중에서 가장 중요한 요소를 확정하여야 합니다. 은퇴 결정에 영향을 미칠 수 있는 변수들이 많다면 비슷한 유형들로 그룹을 나누어볼 수도 있습니다. 개별 요소나 그룹으로 분류한 요소들 중에 시장과 기업 입장에서 가장 중요하게 작용하는 요소 하나와 개인의 입장에서 가장 중요한 요소 하나를 선택합니다.

그 두 가지를 은퇴 결정과 은퇴 후 가능한 시나리오를 찾아내는 핵심 변수로 사용하게 되는데, 아래 그림과 같이 가로축과 세로축의 값을 선택한 두 개의 변수로 구성하는 4사분면을 만듭니다.

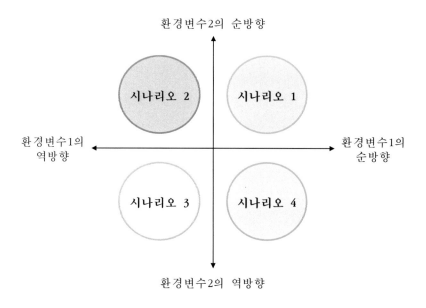

은퇴 설계 4가지 시나리오 개발

3 ——→ 　　　자신만의 은퇴 시나리오 도출

앞에서 살펴본 것처럼 은퇴 설계 시나리오의 4사분면을 만들면, 각각의 가로축과 세로축 변수에 대한 강함이나 중요함의 정도에 따른 4가지의 유형이 도출되게 됩니다. 그리고 자신이 그 4가지 유형에서 어느 위치에 있는지 스스로 판단해볼 수 있습니다.

여기서 자신의 업무 경험과 일하고 있는 회사, 종사하는 산업 분야, 개인의 관심사나 삶의 중요한 기준에 따라 선택하는 가로, 세로 변수와 그로 인해 나타나는 4사분면의 네 가지 유형의 시나리오는 개인마다 전혀 다른 형태로 나타나게 됩니다.

이렇게 개인의 기준에서 중요한 요소들로 자신에게 가능한 4가지 시나리오를 찾을 수 있고, 4사분면에서 자신의 현재 위치도 가늠해볼 수 있게 됩니다. 그렇게 도출된 4가지 시나리오 중에서 자신의 현재 위치에서 미래 이동하고 싶은 시나리오를 고민해서 선택한 후 어떻게 하면 그쪽으로 이동할 수 있을지와 해당 시나리오에서의 은퇴에 대한 전략과 계획을 만들어야 합니다.

우선 자신이 선택한 미래 시나리오에서 필요로 하는 필수 요소들이 있을 것입니다. 그런 필수 요소들을 정리한 후, 나의 미래를 그쪽으로 이동하기 위해 나한테 부족한 것은 무엇인지, 충분히 준비되어 있는 것은 무엇인지, 이동에 방해가 되는 것은 무엇인지 등을 정리해봅니다.

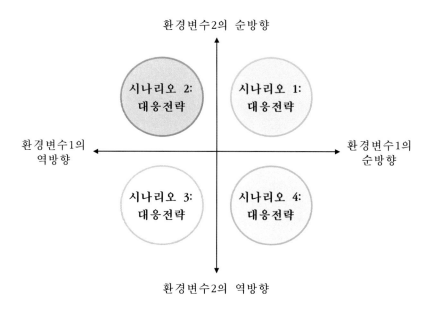

4가지 시나리오별 대응 전략 도출

 은퇴 플래닝 과정에 대한 이해를 돕기 위해 이어지는 장에서는 두 명의 가상 인물을 설정하여 각 단계별로 시뮬레이션을 해보겠습니다.

 한 명은 아직 은퇴에 대한 결정을 못한 상황에서 직장에서의 성장과 은퇴를 고민하는 인물이고, 다른 한 명은 은퇴는 이미 결정했지만 은퇴 이후를 어떻게 준비하면 좋을지에 대해 고민하는 인물입니다.

4. ⟶ 임원 진급과 조기 은퇴 사이에서 고민하는 나퇴직 씨의 은퇴 플래닝

나퇴직
47세, IT경력 20년

"지금까지 해왔던 것처럼 조금만 더 하면
임원까지 하고 정년퇴직할 수 있을 것 같은데…"

나는 누구이고 여기는 어디인가?

40대 후반의 나퇴직 씨는 20년 이상의 IT 기업 근무 경력이 있고, 현재도 회사에서 일을 잘 해내고 있는 유력한 임원 후보입니다. 주변에서는 성공한 직장인이고 훌륭한 선배라고 하지만, 이런 나퇴직 씨도 요즘 부쩍 고민이 많습니다.

나름 회사에서 인정받으면서 IT 분야에서 많은 경험과 실력을 쌓아왔지만, 최근에는 IT 분야 기술들이 너무 빨리 바뀌고 시스템 환경도 모두 클라우드 컴퓨팅으로 바뀌면서 사업 방식도 이전과는 전혀 달라 실적이 녹록지 않습니다. 거기다 글로벌 기업이나 국내 대기업들을 포함한 많은 회사들이 여성 리더, 젊은 임원을 강조하면서 나이 많은 남자 직원은 더 이상 회사의 미래 인재로 생각하지 않는다는 것 역시 큰 고민거리입니다.

회사에서는 주기적으로 명예퇴직프로그램을 돌려 40대 중반 이후 직원들의 퇴직을 장려하고, 그 자리를 젊은 인재, 여성 인재들로 대체해가고 있습니다. 회사가 계속 성장해야 하고, 미래 사업을 준비해야 하니 새로운 인재를 육성하는 것이 당연하다고 이해는 되지만, 나퇴직 씨는 이런 변화가 탐탁지만은 않습니다.

회사의 젊은 직원들은 요즘 가장 핫하다는 국내 테크 기업들을 일컫는 네카라쿠배당토직야(네이버, 카카오, 라인, 쿠팡, 배달의민족, 당근마켓, 토스, 직방, 야놀자)로 솔솔찮게 이직들을 하고 있지만, 중년의 나퇴직 씨한테는 이직 역시 쉽지 않은 주제입니다. 먼저 퇴직한 선배는 지금 바깥 세상은 코로나로 한겨울이라 더더욱 힘들다고 난리이고, 그 와중에 뉴스에는 유튜버나 이모티콘 개발 등으로 엄청난 수익을 올리는 1인 사업자들의 이야기도 자주 볼 수 있습니다.

나퇴직 씨는 젊어서부터 일에 대한 열정과 책임감이 남달라 자신이 맡은 일에 대해서는 항상 자율적으로 주체성을 가지고 이끌어왔습니다. 지금도 그런 성향은 똑같지만 너무 빠르게 바뀌는 사업 모델과 기술에 대해서는 그런 책임감이 오히려 큰 부담으로 느껴지면서 일에 대한 열정과 재미를 잃어가고 있습니다. 둘 있는 아이는 이제 막 고등학생과 중학생이라 아이들에 대한 교육비도 적지 않게 들어가야 하니 안정적인 수입도 꼭 필요합니다.

나퇴직 씨는 일요일 저녁 자리에 앉아 깊은 생각에 잠깁니다. 지금까지 쌓아왔던 사회 경력과 직장생활, 자신의 현재 모습과 미래 원하는 삶들이 복잡하게 얽혀 머리를 어지럽게 만듭니다. 백지를 꺼내들고 사회가 원하는 것과 자신이 현재 모습, 원하는 삶을 하나씩 정리해봅니다.

시장, 기업, 개인의 환경 변화 이해

시장 관점

- 플랫폼 기업이 전 세계 경제를 이끔
  - 글로벌: 넷플릭스, 유튜브, 구글, MS, 아마존 등
  - 국내: 네이버, 카카오, 쿠팡, 야놀자, 배달의민족, 당근마켓, 토스 등
- 코로나로 인한 노동 불안
  - 정규직 감소, 비정규직 대체, 잦은 명예퇴직 프로그램
- 1인 사업자의 수익 규모 및 시장의 급성장
  - 유튜브, 이모티콘, 웹툰, 모바일 앱 개발 등
- 클라우드 환경으로 비지니스 전환

기업 관점

- 4차 산업혁명과 디지털 혁신
  - 새로운 기술과 새로운 업무의 습득과 변화 요구
  - 기존 솔루션, 서비스 인력 감축
  - 신기술에 익숙한 젊은 인재 중심으로 인력 교체
- 정년에 대한 보장 제도 약화
  - 짧아지는 퇴직 연령
- 기업의 경영 구도의 변화
  - 임원 인재상의 변화 (여성 리더, 젊은 리더 등)
- 코로나로 인한 비용 절감
  - 점점 줄어드는 직원 복지

개인 관점

- 일에 대한 자율과 주체성
- 일에 대한 열정과 재미
- 경제적인 안정

- 현실
  - 실적에 대한 압박
  - 새로운 기술에 대한 끝없는 학습 필요
  - 평생 을의 직장생활
  - 시장에서의 치열한 경쟁
  - 퇴직에 대한 불안
  - 새로운 도전과 변화에 대한 부담 및 거부
  - 점점 약해지는 일에 대한 열정과 부족한 체력
  - 은퇴 후 경제적인 걱정

- 내가 원하는 직업
  - 워라밸
  - 고용 안정
  - 수평적인 기업 문화
  - 자기계발과 학습 기회
  - 높은 업무 만족도

- 개인적인 관심사
  - 글쓰기
  - 건강과 운동
  - 경제적 자유
  - 자연에서의 전원생활

나퇴직 씨의 나의 퇴직 환경 이해

무엇이 중요한가?

나퇴직 씨는 시장의 변화와 기업이 원하는 인재상의 변화, 자신이 극복해야 하는 직장에서의 과제들과 미래에 추구하고 싶은 개인적인 삶의 기준까지 수십 가지나 되는 모든 요소들을 만족시킬 수 없음에 이내 실망에 빠집니다.

하지만 곰곰이 생각해보니 어느 누구도 이런 모든 것들을 만족시킬 수는 없을 테고, 저 많은 것들 중에 회사와 사회가 정말 원하는 것은 무엇인지, 또 나한테 더 소중한 것과 내가 정말 하고 싶은 것은 무엇인지를 찾아서 집중해야겠다고 생각합니다.

나퇴직 씨는 자신이 회사의 주인이라고 생각하면서 무엇이 가장 중요할까 고민해봅니다. 아무래도 회사는 계속해서 변화하고 성장해야 하기 때문에 새로운 신사업을 추진해나가야 합니다. 4차 산업혁명과 디지털 시대에 적합한 새로운 미래 먹거리 사업들을 계속해서 만들어가야 합니다. 그러다 보니 사회와 회사에 가장 필요한 것은 과거와는 다른 디지털 신사업을 이끌어갈 수 있는 미래 인재들입니다. 과거에는 경험이 가장 중요한 경쟁 요소였기에 오랜 경력을 쌓으면서 높은 성과를 내던 고참 선배들이 임원으로 승진할 수 있었지만, 지금은 국내 대기업뿐만 아니라 많은 회사에서 다양성의 관점에서 남성보다는 여성 중심으로, 과거 경험보다는 새로운 신사업을 이끌 열정과 혁신 의지가 높은 젊은 인재를 중심으로 주요 인력들을 채용하고 임원 인사를 진행하는 것이 이해됩니다.

나퇴직 씨는 그동안 자신의 일에 최선을 다했고 정말 열심히 경력을 쌓아왔기에 이런 현실을 받아들이는 것이 씁쓸합니다. 하지만 자신이 회사의 주인이라고 상상해보니 그런 미래 인재상의 변화가 백분 이해되고 공감됩니다.

이렇다 보니 그렇게 많은 회사들이 명예퇴직프로그램을 주기적으로 돌리면서 기존 인력을 새로운 미래 인재로 대체하는구나 하는 이해와 함께, 한편으로는 나퇴직 씨도 원하든 원하지 않든 퇴직이 가까운 미래에 받아들여야만 하는 무거운 현실이라는 것을 인식하게 됩니다.

회사 입장에서는 그렇다 치고 나퇴직 씨는 자신의 미래 삶에 있어서 가장 중요하고 소중한 것은 무엇인지 고민해봅니다. 나퇴직 씨는 일을 하면서 항상 자신의 일에 대해서는 책임감을 가지고 주체성 있게 일을 했고, 그만큼 일에 대해 인정도 받으면서 자율적으로 결정하고 일을 추진해왔습니다. 그리고 그런 과정에서 일에 대한 열정과 자존감, 삶의 재미도 느낄 수 있었습니다. 하지만 지금은 너무 빠른 변화와 습득해야 하는 신기술들로 인해 새로운 일들을 책임감과 주체성을 가지고 추진하기에는 스스로의 부담이 너무 크게 느껴집니다. 이로 인해 주어진 일에 점점 자신이 없어지면서 열정도 함께 사그라들게 되었습니다.

현재의 부담을 내려놓고 다시 한번 생각해보니 어떤 일이든 자신이 주체성을 가지고 자율적으로 추진할 수 있는 일이 있다면 다시 한번 열정을 불사르고 삶에 의미를 불어넣을 수 있겠다는 자신감도 생깁니다.

일에 대한 자율성과 주체성이 여전히 자신의 미래 삶과 일을 선택하는 데 가장 중요한 기준이라는 생각에는 변함이 없지만, 나퇴직 씨는 자신의 현재 입장이 그러하지 못하다고 느끼기 때문에 일에 대한 만족감은 떨어지면서 미래에 대한 걱정과 불안은 커져만 갑니다.

나퇴직 씨는 오랜 고민 끝에 다양한 퇴직 고려 요소들 중에 중요한 요소들을 찾아내고, 그중에서 회사 입장과 개인 입장에서 가장 중요한 두 가지 기준을 아래와 같이 정리해봅니다.

은퇴에 영향을 미칠 핵심 요소 도출

시장과 기업 관점	개인 관점
• 미래 임원 인재상의 변화: 여성, 젊은 인재 중심으로 • 새로운 사업 모델(클라우드): 신기술의 빠른 적용 • 글로벌 커뮤니케이션의 중요 • 불안정한 노동 시장: 빨라지는 퇴직 연령 • 1인 사업 시장 증가: 유튜브, 웹툰, 이모티콘, 게임 등	• 워라밸의 보장 • 일에 대한 주체성 및 자율성 • 점점 커져가는 실적 압박 • 일에 대한 열정과 재미 • 경제적 안정

나의 퇴직 결정에 가장 중요한 핵심 요소

시장과 기업 : 기업의 미래 인재, 임원상의 변화
개인 : 일에 대한 자율성과 주체성

나퇴직 씨의 은퇴 결정 핵심 요소

자신을 알라!

나퇴직 씨는 회사의 기준과 개인의 기준에서 선택한 가장 중요한 두 가지 선택 요소를 가로축과 세로축으로 두고 각 요소에 대한 경쟁력과 적합도를 기준으로 4가지 가능한 시나리오들을 정리해봅니다.

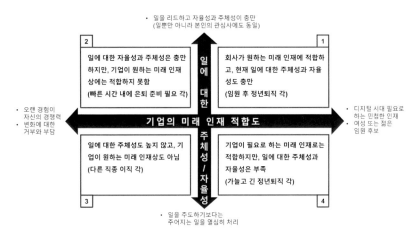

나퇴직 씨의 4가지 은퇴 예상 시나리오

1사분면은 기업의 미래 인재상에 적합하고 일에 대한 주체성도 뛰어난 경우로, 여기에 해당하는 사람은 향후 회사의 임원으로 성장하고 정년까지 안정적이고 재미있게 회사생활을 즐길 수 있는 유형의 시나리오입니다.

2사분면은 미래 인재도 적합도 관점에서는 회사의 사업 모델이 바뀌고 습득해야 하는 기술들도 다양해지면서 스스로 노땅에 꼰대라는 생각이 들고, 새롭게 주어지는 프로젝트나 과제도 부담스럽게 느끼게 됩니다. 하지만 자신이 잘할 수 있고 재미를 느낄 수 있는 일이 있다면 주체적으로 일을 하면서 충분히 잘 이끌어갈 수 있는 열정은 여전히 충만합니다.

3사분면의 경우는 주어진 일을 문제없이 열심히 처리하는 데는 익숙하지만 새로운 일을 맡아서 끌고 가는 것은 자신과 맞지 않는다고 생각합니다. 더구나 새로운 기술이나 업무 방식이 바뀌는 것에 대해서는 상당히 부담스러워하는 유형의 시나리오입니다.

4사분면은 새로운 기술을 배우는 것이나 신사업에 관심은 많지만 자신이 그걸 직접 리딩해서 이끌어가는 것은 싫어하는 유형의 시나리오입니다.

이렇게 만들어지는 4사분면은 나퇴직 씨가 중요하게 생각하는 기준에서 만들어지는 시나리오이며, 개인별로 앞 단계에서 찾아서 도출하고 선택하는 핵심 환경 변수에 따라 전혀 다른 4사분면의 시나리오들이 도출되게 됩니다.

나퇴직 씨는 도출된 4사분면의 하나하나를 상상하면서 자신의 현재 모습을 함께 고민해봅니다.

지금까지 열심히 잘해왔고, 조금 버겁기는 하지만 지금도 열심히 회사생활을 잘헤네고 있다는 생각이 듭니다. 그리고 일에 대한 열정과 주체성에 있어서는 자신에게 맞고 자신이 좋아할 수 있는 일만 주어진다면 언제든지 다시 재미있게 잘할 자신도 있습니다.

정리된 4사분면에서 현재 자신의 위치를 찾아보니 2사분면에 있긴 하지만, 1사분면과 2사분면 사이 어딘가에 있는 것으로 판단됩니다.

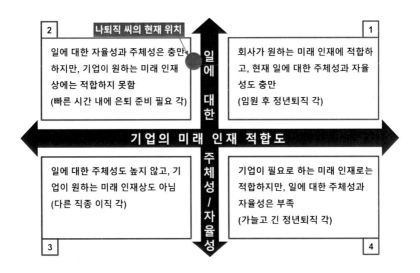

일에 대한 자율성과 주체성은 충만하지만, 기업이 원하는 미래 인재상에는 적합하지 못함
(빠른 시간 내에 은퇴 준비 필요 각)

2

나퇴직 씨의 현재 위치

회사가 원하는 미래 인재에 적합하고, 현재 일에 대한 주체성과 자율성도 충만
(임원 후 정년퇴직 각)

1

일 에 대 한 주 체 성 / 자 율 성

기 업 의 미 래 인 재 적 합 도

일에 대한 주체성도 높지 않고, 기업이 원하는 미래 인재상도 아님
(다른 직종 이직 각)

3

기업이 필요로 하는 미래 인재로는 적합하지만, 일에 대한 주체성과 자율성은 부족
(가늘고 긴 정년퇴직 각)

4

나퇴직 씨의 현재 상태

미래 인생 설계

나퇴직 씨는 지금까지 나름 일을 잘해오긴 했지만 새로운 기술을 요하는 도전 과제에 대해서는 자신감이 많이 떨어집니다. 하지만 여전히 일에 대한 열정과 리더십은 충만하다고 자신을 정리해봅니다.

나퇴직 씨는 앞에서 정리한 4사분면에서 자신이 미래에 이동하고 싶은 방향이 어느 쪽인지에 대해 깊이 고민해봅니다. 지금까지 직장생활을 잘해왔기 때문에 은퇴보다는 자신의 경쟁력을 조금 더 높여서 1사분면으로 이동하는 것도 나쁘지 않은 선택이 될 수 있을 것 같기도 하고, 회사 눈치 보면서 매번 을의 인생을 살 것이 아니라 이제는 자신이 잘하고 좋아할 만한 일을 찾아서 자신이 주도하는 미래의 삶을 살아

보고 싶기도 합니다.

하지만 나퇴직 씨는 이 결정을 지금 당장 할 수는 없습니다. 그래서 자신이 선택 가능하거나 이동하고 싶은 시나리오를 선택하고 각 시나리오별 특징들을 분석해서 그 시나리오로 자신을 발전시키기 위한 전략을 정리해봅니다.

첫 번째 선택 가능한 시나리오는 1사분면의 '임원 후 정년퇴직 각'입니다.

아직 은퇴에 대해 충분히 고민되어 있지 않고, 아이들 학비도 점점 많이 들어가야 할뿐더러 외벌이다 보니 경제적인 부담이 상당히 큽니다. 이런 이유로 가능하다면 안정적으로 임원까지 보내고 정년을 마친 후에 은퇴를 고민하고 싶기도 합니다. 나퇴직 씨는 자신의 현재 위치는 2번 시나리오에 가깝지만 자신의 미래 모습을 1번 시나리오로 바꾸려면 어떤 준비와 전략이 필요할지 곰곰이 생각해서 정리해봅니다.

4가지 시나리오 개발

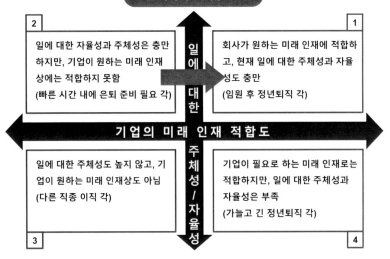

주요 전략 ① 신기술 습득을 통한 미래 인재로 성장
• 교육 참여 및 자기계발을 통해 AI, 메타버스, 플랫폼 등에 대한 새로운 기술 습득
• 선진 사례 분석을 통한 기업 내 적용 가능 모델 도출

주요 전략 ② 빠르게 변화하는 사업 모델 대응
• 회사의 미래 신규 사업에 대한 관심과 도전
• 유능한 인재들을 모집해 신사업을 이끌 수 있는 내부 전략 구상

주요 전략 ③ 내외부 네트워크 강화를 통한 협업 및 지원 인력 확보
• 현재의 포지션을 유지하면서 더 큰 성장을 위해 내외부 핵심 인력과의 네트워크를 공고히 해서 지원 인력 강화

주요 전략 ④ 임원 퇴직 후 동종업종 고문 활동
• 임원 퇴직 후 경력과 경험을 살려 동종업종의 강의나 고문 활동

나퇴직 씨의 1번 시나리오 플래닝

현재 자신에게 가장 부족한 점이기도 하고, 지금까지와는 달리 새로운 일에 자신이 없는 가장 큰 이유는 빠르게 변화하는 업무에 대한 부담이었습니다. 요즘은 온라인 교육 콘텐츠도 너무 잘되어 있고, 젊은

인재들과 함께 새로운 기술을 공부한다면 현재의 부담을 줄이면서 본인의 가치를 계속해서 높이고 신사업도 추진할 수 있을 것 같다는 생각이 듭니다.

나퇴직 씨는 회사에서 새롭게 추진하는 일들이 지금까지 자신이 이루어왔던 일들과는 전혀 다르고, 자신은 잘 모르고 자신에게 맞지도 않다는 막연한 생각으로 부담과 걱정만 키워왔습니다. 새로운 기술에 대해 잘 모른다는 것을 주변 사람들에게 솔직하게 이야기한 후, 신입 사원들이나 주니어들과 함께 공부하면서 준비한다면 새로운 것을 배우면서 일에서도 다시 재미를 찾을 수 있을 것 같다는 생각이 듭니다.

신기술 분야는 잘 모르지만 회사에서 새로운 사업을 직접 기획해서 이끌어본 경험들은 많이 있습니다. 이전과는 전혀 다른 사업 모델들이라 본인은 적임자가 아니고 전문성도 없다고 생각했지만, 다시 생각해보니 새로운 사업들에 대해 깊이 있게 고민하거나 제대로 연구해보지도 않았습니다. 곰곰이 생각해보면 이전에도 신사업을 추진할 때 모든 것이 준비된 상태로 진행한 적은 없었습니다. 우수한 인재들과 함께 고민하고 시행착오를 겪으면서 해결해왔습니다. 나퇴직 씨는 다시 한 번 회사의 전략과 미래 사업 방향을 이해하려고 노력하고, 그 일을 잘할 수 있는 인재들을 찾아 함께한다면 이전 경험을 살려 지금 추진하려고 하는 신사업도 잘해낼 수 있겠다는 자신감을 회복합니다.

그리고 새로운 도전에는 든든한 지원자가 꼭 필요하기 때문에 그 일을 추진하기 위해 필요한 회사 내부 임원진과 외부 협력사나 전문가의 필요한 인력 네트워크를 구성하여 준비하는 것 역시 필요하다는 것을 알게 됩니다.

준비만 잘한다면 1사분면의 미래 모습도 충분히 만들 수 있겠다는 생각과 함께 각 항목에 대해 준비하고 추진해야 할 세부 작업 항목과 위험 요소들을 정리하기로 마음먹어봅니다.

그리고 조금 늦출 수는 있겠지만, 은퇴는 어차피 받아들여야 하는 숙명이라는 것을 인식합니다.

동일 업종에서 하나의 일로 임원까지 지내고 정년퇴직을 한다면 자신이 쌓아온 경험과 지식이 다른 누군가에게 큰 도움이 될 것이라 생각하면서 나중에는 현재 일의 전문성을 살려서 미래 은퇴 설계까지 해보겠다고 마음먹습니다.

나퇴직 씨는 1번 시나리오에 대해 정리를 했지만, 아무래도 1번 시나리오로 이동하기 위해서는 상당히 많은 노력과 시간이 필요합니다. 지금 자신의 위치를 보면 아무래도 2번에 조금 더 가까운 상태입니다.

나퇴직 씨는 2번 시나리오가 자신의 미래 시나리오가 될 경우 성공적인 은퇴를 준비하기 위해 무엇이 필요한지, 그리고 무엇을 준비해야 할지 다시 고민해봅니다.

4가지 시나리오 개발

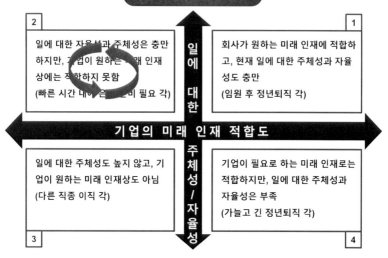

나퇴직 씨의 2번 시나리오 플래닝

주요 전략 ① 내가 열정을 쏟을 수 있는, 관심 있는 일 찾기
- 자신의 관심사와 삶의 가치 기준들을 정리하고, 그중에 자신의 미래 시간을 투자할 아이템 찾기
- 선택한 아이템의 성공 모델이나 다양한 사례들을 통해 자신의 생각에 부합하는지 검증

주요 전략 ② 그 일을 진행하기 위해 필요한 것들을 정리하고 공부
- 선택한 아이템을 미래의 자신의 일로 하기 위해 필요한 것과 준비해야 할 리스트 정리
- 준비에 필요한 시간과 계획 정리

주요 전략 ③ 그 분야 선배들을 찾아 시행착오 및 경험 습득
- 선택한 분야의 선배들을 찾아 그들의 은퇴 준비와 은퇴 과정에서의 경험을 공유받고 습득

주요 전략 ④ 은퇴를 준비하면서 현재 업무에 대해서는 문제없이 처리
- 은퇴를 제대로 준비하고 최종 결정할 때까지는 현재 맡은 업무에서 문제없이 처리

항상 그래왔듯이 나퇴직 씨는 자신이 좋아하는 일만 찾을 수 있다면 그 일에 대한 자율성과 주체성은 여전히 충만합니다.

지금까지는 회사를 위한 삶을 살아왔다면 은퇴 후에는 온전히 자신을 위한 새로운 삶을 살아야 합니다. 그러기 위해서는 무엇보다 자신이 열정을 쏟아 정말 재미있게 할 수 있는 일이 무엇인지를 찾는 것이 우선이라는 것을 알게 됩니다.

나퇴직 씨는 후보 아이템들을 찾아 그 아이템들의 성공 스토리나 다양한 사례들을 조사해보면서, 자신이 원하며 추구하고자 하는 미래 모습과 비슷한지 몇 번이고 검증하고 확인하면서 최종 결정하기로 마음먹습니다.

그리고 그런 과정을 통해 아이템을 확실히 찾게 되면, 지금 당장 모든 것이 준비되어 있지는 않기 때문에 그 일을 나퇴직 씨의 미래 모습으로 만들기 위해 필요한 것이 무엇인지 정리하고, 각각에 대해 어느 정도의 시간과 비용이 필요한지 정리할 계획입니다.

세부적인 준비와 계획 없이 사람들과의 관계가 싫고, 일이 싫어 회사를 떠나 자신의 일을 시작한 선배들 중에 제대로 시도도 못 해보고 포기하는 경우를 많이 보고 들어왔기 때문에 나퇴직 씨는 세심한 항목들까지 꼭 여러 차례 시뮬레이션을 해보고 결정하겠다고 다짐합니다.

그리고 은퇴 후 삶의 분야를 찾게 된다면 그 분야에서 먼저 활동하고 있는 사람들을 찾아보기로 합니다. 그 사람들을 찾아가 정중히 자신의 현재 상황과 생각과 의지를 말씀드리고, 은퇴 선배로서 또는 그 분야의 전문가로서 경험 공유를 부탁드리고 배울 계획입니다.

나퇴직 씨는 아직 은퇴 준비가 되어 있지 않기 때문에 이런 계획을 통해 자신이 앞으로 무엇을 할지, 어떤 준비를 해야 하는지, 얼마나 많은 시간과 비용이 필요할지를 이해하고 계획을 세운 후, 그때까지는 주말과 저녁 시간에 은퇴에 대한 준비를 하면서 지금 맡고 있는 회사의 업무는 문제없이 처리될 수 있도록 두 가지 일을 병행하겠다고 결심합니다.

나퇴직 씨가 2사분면에서 계속 머무르면서 미래에 대한 아무런 준비도 하지 않는다면 3사분면으로 미래가 바뀌게 될 가능성이 높습니다. 아직까지는 일에 대한 열정과 주체성으로 다져진 자존감으로 버티고 있지만, 점점 열정이 식게 되어 결국 회사에서 필요로 하는 인재도 아니고 일에 대한 자율성도 사라져 마지못해 회사를 다니는 상황으로 바뀔 수 있습니다.

3사분면으로 바뀌기 전에 미리 고민해서 1사분면으로 이동하거나, 2사분면에서의 성공적인 은퇴를 만들어낼 수 있도록 구체적인 계획을 세우고 준비해야 합니다.

마지막 4사분면의 미래 시나리오는 미래 신사업을 이끄는 중책이나 임원은 아니더라도 나퇴직 씨가 회사의 오랜 경험과 일에 대한 높은 책임감으로 회사에서 반드시 필요로 하는 차별화된 역할을 맡아 자신의 자리를 정년에 가깝게 유지하는 경우입니다. 그러기 위해서는 회사에서 업무의 전문성이나 인력의 희소성을 요하는 나퇴직 씨만이 할 수 있는 업무 역할을 찾아내고, 그걸 본인의 역할로 만들어가는 것이 필요합니다.

5 ⟶ 은퇴를 결심한 나갈래 씨의 은퇴 플래닝

나갈래
43세, 대기업 15년차 직장인

"이건 내가 생각했던 삶이 아니야.
한번 사는 인생 내가 원하는 삶을 살고 싶어"

나는 누구이고 여기는 어디인가?

나퇴직 씨와는 달리 나갈래 씨는 20대 후반에 대기업 공채로 입사해서 지금까지 15년 동안 대기업 사무직에서 근무하고 있습니다. 다른 사람들이 볼 때 나갈래 씨는 반반하고 안정된 대기업에서 잘나가는 중년 초반 직장인으로 보입니다.

하지만 나갈래 씨는 15년 동안 아침 8시에 출근해서 오후 5시에 퇴근하는 반복적인 일상과 아무런 변화 없이 거의 매일 똑같이 반복되는 업무로 어느덧 자신이 누구인지, 자신이 좋아하고 하고 싶었던 것이 무엇인지 잊고 산 지 오래되었습니다.

그리고 꼰대 선배들과의 잦은 저녁 회식 자리나 눈치 봐야 하는 MZ 세대 후배들과의 식사나 미팅 자리도 점점 불편하기만 합니다.

입사 당시만 하더라도 이곳에서 학생 시절 자신이 꿈꿔왔던, 이루고 싶었던 일을 찾아 모든 열정과 에너지를 쏟아보겠다는 포부를 가지고 시작했습니다. 하지만 현실은 너무도 달랐고 매일 오전 8시가 되면 시계태엽이 풀리면서 정해진 패턴대로 살아가야 하는 시계의 톱니바퀴와도 같은 삶의 연속입니다.

그런 시간에 조금씩 익숙해지면서 남들도 다들 그렇게 산다는 생각으로 지내온 지가 어느덧 15년이 흘러버렸습니다.

나갈래 씨는 수많은 고민 끝에, 한번 살다 가는 인생을 더 이상 이렇게 로봇처럼 허송세월하면서 보낼 수 없다고 생각하고 마음속으로는 퇴사를 결심하게 됩니다.

무엇이 중요한가?

나갈래 씨는 우선 자신의 현재 상태를 알고 자신이 진정 원하는 것이 무엇인지에 대해 제대로 이해해보려고 합니다. 나갈래 씨는 어릴 때부터 시골에 대한 동경으로 자연에서의 전원생활을 항상 꿈꾸어왔고, 도심에서의 오랜 직장생활과 사회생활에 많이 지쳐 있습니다.

공기 좋고 흰적한 시골에서 앞미당에는 꽃과 괴일나무를 심고, 키우고 있는 애완견 초코도 앞마당에서 마음껏 뛰어놀게 하고 싶습니다. 특히 최근에는 잦은 야근과 심한 스트레스로 건강도 좋지 않아 건강에 대한 고민도 많습니다.

바쁘다는 핑계로 오랫동안 소홀했던 가족들과도 더 많은 시간을 함께하고 싶고, 가끔씩 같이 여행 다닐 수 있는 여유도 만들고 싶습니다.

어릴 때부터 꿈꿔왔던 전원생활에 대한 생각만으로도 이미 행복하고 당장이라도 떠날 수 있을 것 같다는 생각마저 듭니다.

최대한 빨리 회사를 그만둬야겠다고 결심하지만, 퇴사 후에 어떻게 할지에 대해서는 아직 충분히 고민해보지 못했습니다. 사회 초년생이라면 퇴사부터 하고 잠깐 쉬면서 생각해볼 수도 있겠지만 가족들을 생각하니 너무 무책임하고 이기적이라는 생각이 듭니다.

나갈래 씨는 자신의 고민을 아직 가족들과 상의해보지는 않았습니다. 자신의 생각이 어느 정도 정리되면 가족들과도 전원생활에 대해 깊이 있는 대화를 나누어볼 계획입니다. 그리고 가장 고민되고 걱정되는 점은 당연히 경제적인 부담입니다. 회사에서 매달 꼬박꼬박 들어오는 급여가 갑자기 끊기게 된다면 가족들이 얼마나 버틸 수 있을지 막막하고 두려운 것은 어쩔 수 없습니다.

결혼 초까지 맞벌이를 하다가 아이가 생기면서 아내는 직장을 그만두고 육아에 전념하게 되었습니다. 나갈래 씨의 급여로 아껴서 생활하고 남은 돈을 열심히 모았지만 지금 살고 있는 경기도 외곽 지역의 28평 아파트를 빼고 나면 경제적인 여유는 거의 없습니다.

지금 당장 퇴사를 한다면 잠깐은 괜찮겠지만 머지않아 경제적인 어려움에 봉착하게 될 것은 자명합니다. 퇴사를 결정하게 되면 일정 기간 동안 지급되는 실업급여 외에는 별다른 수입이 없기 때문에 생활비를 줄인다고 하더라도 생계를 위한 경제 활동은 꼭 필요한 상황입니다.

그리고 퇴사를 한다고 해서 매일같이 아내와 집에서 서로 마주 보고 앉아 있을 수만도 없는 노릇입니다. 인간은 혼자서 살아갈 수는 없기 때문에 회사와는 또 다른 새로운 사회적 관계를 만들어 그 속에서 자신의 존재 가치를 찾아가야 합니다. 나갈래 씨가 새롭게 만들고 싶은 사회적 관계는 자신에게 선택 기준이 전혀 없었던, 직장에서의 강압적인 관계와는 달리 자신이 선택하고 결정할 수 있는 평등의 사회적 관계입니다.

나갈래 씨는 퇴직에 대한 마음의 결정은 했지만, 자신에게 어떤 유형의 은퇴 시나리오가 가능할지에 대해서는 아직 고민해보지 못했습니다. 나갈래 씨는 자신의 은퇴 결정에 가장 중요한 핵심 변수는 가족과 자신이 생각하는 전원생활에 대한 욕구 수준과 경제적인 자유 수준이라고 정리해봅니다.

사회 관점	개인 관점
• 퇴직과 전원생활에 대한 가족들의 공감 필요 • 생활과 아이 양육에 대한 경제적 부담 • 새로운 사회 관계 형성 ✓ 평등하고 자유로운 관계 ✓ 내가 공헌하고 내 자존감을 만들 수 있는 활동 ✓ 귀농, 귀촌에 대한 기본 준비 필요(지역단체)	• 전원생활(자연에서의 건강하고 여유로운 삶) • 운동 • 글쓰기 • 가족과 더 많은 시간 보내기 • 현실 ✓ 경제적인 기반 부족 (경제 계획 필요) ✓ 막연한 전원생활에 대한 동경 ✓ 퇴사와 전원생활에 대한 가족과 상의 필요

나의 퇴직 결정에 가장 중요한 핵심 요소

시장과 기업 : 경제적 자유 수준
개인 : 전원생활에 대한 욕구

나갈래 씨의 은퇴 결정 핵심 요소

자신을 알라!

　나갈래 씨는 자신이 선택한 은퇴 시나리오 결정의 핵심 변수 두 가지를 가로축과 세로축으로 두고 4가지 은퇴 시나리오들을 정리해봅니다.

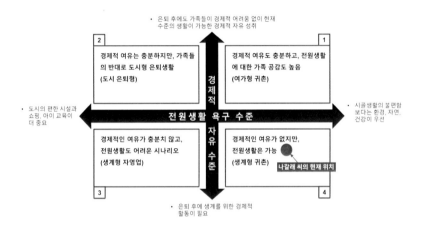

나갈래 씨의 4가지 은퇴 시나리오 및 현 위치

　1사분면은 경제적 여유도 충분하고, 전원생활에 대한 가족들의 공감도 높은 '여가형 귀촌' 시나리오입니다. 이런 경우 경제적인 자유도 어느 정도 있고, 자신을 포함한 다른 가족들도 전원생활에 대한 기대가 큰 경우의 시나리오입니다.

　2사분면의 경우 경제적 자유도는 충분하지만 가족들의 반대로 전원생활이 어려운, 도시형 은퇴 시나리오입니다. 아이의 교육이나 도시 인프라의 편의성 때문에 가족들이 전원생활을 원하지 않는 경우에 해당하는 시나리오입니다. 비록 직접적인 전원생활은 어렵겠지만 경제적인 자유가 있기 때문에 여유 자본으로 부동산 임대사업이나 주식 등의 재테크 활동을 하면서 원할 때는 자유롭게 전원생활을 즐길 수 있는 시나리오입니다.

3사분면은 경제적인 자유도도 충분하지 않으면서, 전원생활도 어려운 시나리오입니다. 도시 생계형 시나리오로, 생계를 위한 또 다른 직장생활이나 경우에 따라서는 전문직 프리랜서나 자영업에 해당하는 시나리오입니다.

마지막 4사분면은 경제적인 여유는 없지만, 가족들 역시 전원생활에 대한 동경이 있어 전원생활을 원하는 경우입니다. 이런 경우 생계형 귀촌으로, 귀촌이나 귀농을 하고 현재의 자금과 지역 지원금을 이용해 지역 특화 작물 재배 등과 같은 추가 수입을 만들어낼 수 있는 생계 활동을 필요로 하는 경우입니다.

나갈래 씨는 지금 당장 은퇴한다면 자신은 4사분면인 '생계형 귀촌'이 될 가능성이 높다고 생각합니다. 현재 거주하고 있는 20평대 아파트를 처분하면 어느 정도의 자본금을 확보할 수 있지만, 은퇴 후 귀촌과 전원생활에 필요한 자금이 어느 정도인지 가늠이 되지 않기 때문에 경제적인 자유도에 대해서는 안심할 수 없는 수준입니다.

나갈래 씨가 궁극적으로 꿈꾸는 미래 은퇴의 모습은 1사분면에 있는 '여가형 귀촌' 시나리오입니다.

미래 인생 설계

나갈래 씨의 1번 시나리오 플래닝

    나갈래 씨는 자신의 은퇴 모델을 1번 시나리오로 바꾸려면 어떤 준비와 전략이 필요할지 노트를 펴고 정리해봅니다.

    우선 경제적 자유도를 높일 수 있도록 기반을 마련하는 것이 가장 중요합니다. 그러기 위해서는 현재의 아파트를 처분해서 귀촌에 필요한 자금에 활용하고 남은 금액을 계산해서 투자 자산이 어느 정도인지를 확인해봐야 합니다. 그렇게 만들어진 자산으로 지속적인 수익을 만들어낼 수 있는 재테크를 찾아 공부하고 미리 준비해야겠다고 다짐해봅니다. 그리고 지금까지는 외벌이 생활이라 아내가 전업주부로 지내왔지만, 은퇴 후에는 육아와 가사를 함께할 수 있기 때문에 아내도 수익을 만들 수 있는 경제 활동이 가능해지게 됩니다. 아내는 영어영문학을 전공했고 결혼 전에 아이들을 가르쳐본 경험이 있기 때문에 나갈래 씨가 은퇴한 후에는 아내도 영어 전공과 경험을 살려 영어 공부방을 운영할 수 있을 것으로 생각해봅니다.

아직 가족들과 상의해보지 않았지만 자신과 달리 가족들은 전원생활에 대해 불편해하거나 불안해할 수 있겠다는 생각이 듭니다. 특히 은퇴 후의 귀촌은 나갈래 씨 혼자만의 변화가 아니라 온 가족의 삶 전체를 바꾸는 일이기 때문에 가족들의 동의와 합의는 반드시 선행되어야 합니다.

도시에 비해 시골 환경은 상대적으로 많이 열악하기 때문에 기본적인 의식주를 포함해 의료시설과 문화 공간, 쇼핑이나 식료품점과 같은 소비 인프라, 안전이나 보안 등 생활에 꼭 필요한 시설들의 사용이 현재 도시 생활에 비해 많이 불편해지지 않도록 꼼꼼히 정보를 확인해서 가족들에게 설명하고 설득해야겠다고 생각합니다.

시골 생활은 집 앞 어디든 편의점이 있고 근처에 쇼핑센터가 있는 도시에서의 생활과는 너무도 다르고, 많은 경우에 필요한 것을 직접 조달해야 하는 불편함도 감수해야 합니다. 현재 살고 있는 도시의 편의시설에 비해 시골의 편의 시설은 불편할 수 있다는 것을 가족들이 이해하고 동의할 수 있게 해야 합니다.

귀촌하고자 하는 지역의 다양한 커뮤니티들도 미리 조사해서 활동하고 싶은 커뮤니티들을 찾아보기로 합니다. 그중에 관심이 가는 몇몇 커뮤니티는 미리 가입해서 귀촌 전부터 활동을 시작하면서 귀촌 지역의 주민들과 유대관계도 만들어가야겠다고 계획합니다.

아내가 항상 고민하는 아이의 교육에 대해서도, 귀촌을 할 경우 아이의 초중등 교육을 포함해서 미래 교육을 어떻게 도울 수 있을지 가능한 프로그램들과 아이의 교육 계획에 대해서도 충분히 고민해서 준비하기로 합니다.

그리고 은퇴 후에도 사람들과의 관계와 만남은 꼭 필요하기 때문에 집과 함께 펜션을 운영하면서 부가적인 수입도 만들고 보고 싶은 지인들을 가끔씩 초대해 얼굴도 보면서 가족들과 함께 행복한 시간을 보내야겠다고 생각합니다.

지금까지 배워왔던 지식이나 사회 경험 역시 귀촌 지역의 어딘가 또는 누군가에게 도움이 될 수 있기 때문에, 일상에 쫓겨 나만 보고 살아왔던 도시에서의 생활과는 달리 은퇴 후에는 지식 나눔이나 다른 사람을 도울 수 있는 활동들도 찾아보겠다고 다짐합니다.

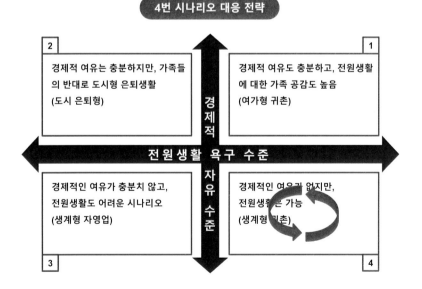

나갈래 씨의 4번 시나리오 플래닝

하지만 나갈래 씨가 가족의 동의를 얻어 은퇴를 결심한다면 지금 당장은 4번 시나리오인 생계형 귀촌 모델로 시작해야 합니다.

귀촌으로 깨끗한 공기, 맑은 물, 신선한 야채, 산천초목 등 다양한 자연의 혜택을 누릴 수 있고, 귀촌 후에는 온전히 자신의 삶을 살 수 있겠지만 경제적인 여유가 충분치 않다는 것이 문제입니다. 영화나 드라마 속에서 봐왔던 이상적이고 낭만적인 전원생활이 아닌, 현실에서의 귀촌 생활에 대해 냉정하고 정확하게 인식하고 위험에도 미리 준비할 수 있어야 합니다.

나갈래 씨는 4번 시나리오에서의 더 나은 은퇴 생활을 위해서 어떤 준비가 필요할지 곰곰이 고민해봅니다. 우선 여유자금이 충분치 않기 때문에 지금 살고 있는 아파트를 처분한 후 주거비를 파격적으로 줄일 수 있는 집으로 알아봐야 합니다. 그리고 가능하다면 주거비용뿐만 아니라 기본적인 생계비도 최소화할 수 있도록 그 지역에서 무료로 제공되는 농지를 활용해 텃밭을 가꾸면서 필수 농작물은 자급자족하기로 합니다.

아파트를 처분한 자본금 외에도 그 지역에서 제공되는 귀촌 지원 프로그램과 지원금이 있을 텐데, 그런 지자체 지원을 잘 활용하면 경제적인 안정에 큰 도움이 될 것으로 생각해봅니다. 그렇게 최대한의 여유자금을 남겨 재테크의 종잣돈으로 활용함으로써 중장기적으로는 1번 시나리오로 이동할 수 있는 구체적인 계획을 잡기로 결심합니다.

1번 시나리오에서와 마찬가지로 가족들과 아직 상의하지 못했기 때문에, 시골생활에 익숙하지 않은 가족들이 당황하지 않도록 그 지역의 다양한 시설과 지역 커뮤니티들을 미리 파악해서 가족들에게 설명하고 설득하는 작업도 필요합니다.

가족들과 귀촌을 결심하게 된다면, 은퇴 전에라도 가족들과 함께 주말 체험을 통해 전원생활을 미리 경험해보고 텃밭 가꾸기를 위한 주말 농장과 귀농 교육도 함께 받기로 결심합니다.

마지막으로 귀촌 생활을 즐기면서 동시에 경제적인 수익도 만들어낼 수 있는 활동으로 텃밭 농사와 가족들의 귀촌생활을 유튜브나 인스타그램 등의 콘텐츠로 제작하여 공유하면 좋겠다고 생각해봅니다.

이제 나갈래 씨는 경제적으로는 부족하지만 준비만 잘하면 4번 시나리오에서도 가족들과 함께 마음 편히 이주해서 시골생활에 안전하게 적응하고 행복한 귀촌생활을 즐길 수 있을 것이라는 자신이 생깁니다.

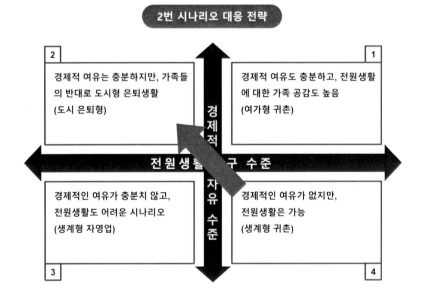

나갈래 씨의 2번 시나리오 플래닝

그런데 아내와 아이가 시골 생활에 대한 부담이 크고, 아이가 아직

초등학생이다 보니 아이의 교육 문제로 전원생활에 쉽게 동의하지 않을 것 같다는 생각이 큽니다.

하지만 나갈래 씨는 자신의 제2의 인생만큼은 평생을 서로 경쟁하고 쫓기며 살아왔던, 복잡한 도시에서의 삶을 떠나 자신이 그렇게 꿈꿔왔던 공기 좋고 한적하고 조금은 느린 시골에서의 전원생활을 즐기고 싶습니다.

현재의 4번 시나리오에서 2번 시나리오로 이동하기 위해서는 먼저 은퇴 시기를 늘리고 추가적인 수입원을 만들어 종잣돈을 마련한 후 재테크를 통해 현재의 자산 상태를 여유 있게 만드는 것이 필요합니다. 이를 위해 현재의 자산 상태를 어떻게 늘릴 수 있을 지에 대해 구체적인 계획을 잡기로 결심합니다.

경제적인 여유가 생긴 이후에도 여전히 가족들의 전원생활에 대한 동의가 불가능한 경우를 상상하면서 시나리오 플래닝을 계속해봅니다.

가족이 떨어져 지낼 수는 없기 때문에 가족 전체가 귀촌을 하는 것은 포기할 수밖에 없습니다. 대신에 나갈래 씨는 가족과 함께 도시에 거주하면서 원하는 지역에 별도의 전원주택을 구해 별장으로 이용하면서 그 지역 주변에서 주말농장을 운영하기로 계획을 잡아봅니다.

주말을 포함해 자신이 원할 때는 언제든지 전원생활을 즐기고, 가족들에게 강요히지는 않겠지만 원한다면 가끔씩 별장으로 초대해 자신이 직접 가꾼 채소로 다 같이 식사하면서 자연을 즐기기로 합니다.

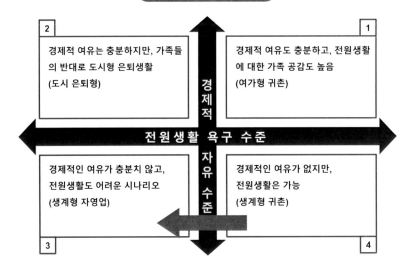

3번 시나리오 대응 전략

2	
경제적 여유는 충분하지만, 가족들의 반대로 도시형 은퇴생활 (도시 은퇴형)	

1

경제적 여유도 충분하고, 전원생활에 대한 가족 공감도 높음
(여가형 귀촌)

경제적 자유 수준

전원생활 욕구 수준

경제적인 여유가 충분치 않고, 전원생활도 어려운 시나리오
(생계형 자영업)

3

경제적인 여유가 없지만, 전원생활은 가능
(생계형 귀촌)

4

나갈래 씨의 3번 시나리오 플래닝

3번 시나리오는 가족들이 귀촌을 원하지 않아 가족 전체가 전원생활을 하는 것이 힘들고, 더구나 가까운 시기에 경제적인 자유를 만들기도 어려워 자신만의 전원생활을 계획하기도 어려운 경우입니다. 그렇다고 '나는 자연인이다'라는 TV 프로그램에 나오는 사람들처럼 모든 가족들을 등지고 아무것도 없이 산속에서 혼자 살아갈 수도 없는 노릇입니다.

어떻게든 살고 있는 도시에서 생계를 유지해야 하는데, 지금 다니는 회사와 업무는 너무 싫어 더 이상 다니고 싶은 마음이 들지가 않습니다. 나갈래 씨는 3번 시나리오에 대해서는 당장의 은퇴보다는 시간을 두고 마음에 드는 직업이나 더 나은 환경의 직장을 찾아 퇴사 후 이직하는 것이 더 낫겠다고 정리합니다.

그리고 하루빨리 전원생활이 가능하도록 검소한 생활로 종잣돈을 모아 경제적인 여유자금을 만들 수 있는 구체적인 계획을 잡기로 결심합니다.

가족들의 반대와 경제적인 이유로 짧은 시간 안에 자신이 원하는 수준의 전원생활을 당장 이루기는 어렵겠지만, 큰 비용 없이 소액으로 신청할 수 있는 근교의 주말농장을 신청해 간접적으로나마 전원생활을 먼저 체험해보기로 계획합니다. 경제적인 준비를 하는 동안 분양받은 주말농장 활동을 통해 귀농에 필요한 경험도 쌓고, 직접 재배한 채소를 가족들과 나누어 먹으면서 가족들도 장기적으로는 전원생활에 대한 부담을 줄여나가기를 기대해봅니다.

6 ⟶　　　　　　　　나의 은퇴 플래닝 연습

　독자분들도 현재 자신의 상황을 이해하고, 적용 가능한 사분면을 찾아내고, 각 영역별 시나리오 플래닝을 적용해봄으로써 자신의 미래 모습을 시뮬레이션하고 준비해볼 수 있습니다.

　막연하고 막막하기만 했던 은퇴 후의 걱정과 불안을 덜어내고 자신이 원하는 미래 모습을 구체화하고 실현하기 위해서는 앞으로 무엇이 필요하고 어떤 것을 준비해야 하는지 이해할 수 있어야 합니다. 그리고 이런 은퇴 플래닝 연습이 그런 것들을 이해하고 준비하는 데 도움이 될 것입니다.

　앞의 은퇴 플래닝 예시에서는 많은 분들의 이해를 돕기 위해 일반적인 시나리오를 적용했습니다. 하지만 개인마다 현재의 상황이 너무도 다르기 때문에 자신에게 가장 중요한 환경 변수를 찾아내고, 4사분면의 은퇴 시나리오와 자신의 현재 위치를 찾아 각 영역별 은퇴 시나리오를 플래닝해본다면 자신의 현재 모습을 돌아보면서 미래에 원하시는 은퇴 계획을 잡아가실 수 있을 것입니다.

　나퇴직 씨와 나갈래 씨의 예시를 참조해서 다음 페이지에서 나오는 빈 템플릿들을 이용해 각자 자신의 현재 직장과 업종에서의 노동 시장 환경 변화나 미래 원하는 직종의 환경 변수, 그리고 개인적으로 가장 중요하게 생각하는 삶의 가치나 목표 등을 고민하면서 나만의 은퇴 플래닝을 진행해보실 수 있습니다.

은퇴 플래닝 Tip 1

퇴직 선택에 영향을 미치는 요소들은 개인의 직업과 업종, 직장 환경 및 개인의 삶에 대한 관심과 목표에 따라 다릅니다.

나퇴직 씨의 예제를 참조하셔서 자신의 기준에서 회사와 산업, 개인이 추구하는 미래 삶의 기준을 더욱 구체화해서 퇴직에 영향을 줄 수 있는 요소들을 정의해볼 수 있습니다. 예를 들어, 개인의 관심사나 취향에 따라 자연이나 귀촌, 환경, 사회 활동 등과 같은 다양한 기준에서 환경 변수들을 정의할 수 있습니다. 은퇴 후 하고 싶은 것을 이미 찾으신 분들은 직장 대신 그 일에 대한 정보나 그 일이 개인에게 필요로 하는 정보로 퇴직 고려 요소를 정의하시면 됩니다.

은퇴 플래닝 Tip 2

시장과 기업 관점의 중요 변수들은 개인이 마음대로 결정할 수 있는 요소는 아니며, 개인이 그런 변화에 대해 맞추어가야 하는 요소들입니다. 자신이 아닌 시장과 회사를 중심으로 고민해서 가장 중요한 요소를 선택합니다.

개인 관점에서의 중요한 요소들은 개인의 기준에서 스스로 결정하고 선택 가능한 요소들입니다. 자신의 미래 삶에 있어 가장 높은 우선순위나 중요도를 두고 있는 요소를 선택합니다.

시장과 기업 관점	개인 관점
· · · · · · · · · · · ·	· · · · · · · · · · · ·

나의 퇴직 결정에 가장 중요한 핵심 요소

시장과 기업 관점:

개인 관점:

은퇴 환경 변수 및 핵심 요소 도출

은퇴 플래닝 Tip 3

앞에서 선택한 주요 환경 변수에 따라 전혀 다른 형태의 은퇴 시나리오들이 도출되기 때문에 이 부분에 대해서는 신중한 고민이 필요합니다. 예를 들어, 은퇴 후에도 지금까지 쌓아온 경험과 일의 전문성이 가장 중요한 환경 변수가 될 수도 있고, 높은 수익을 가장 중요한 환경 변수로 선택할 수도 있습니다.

퇴직 후 하고 싶은 일이나 삶의 목표가 어느 정도 정해져 있다면, 그에 따라 자신이 생산 또는 제공하게 될 상품이나 서비스의 경쟁력 또는 개인의 성향에 따라 자연이나 귀촌생활 등이 가장 중요한 환경 변수로 선택될 수 있습니다. 즉, 자신에게 영향을 미치는 시장 변화, 기업 또는 업종의 가치 기준, 미래 삶에 대한 개인의 가치 기준을 어떻게 선택하는지에 따라 개인별로 전혀 다른 4가지 시나리오가 나오게 됩니다.

가로, 세로 화살표 안에 앞에서 선택한 가장 중요한 핵심 환경 요소를 입력합니다.

각 사분면에 해당하는 4가지 시나리오를 도출하여 시나리오 이름을 입력하고 자신의 현재 위치를 표시합니다.

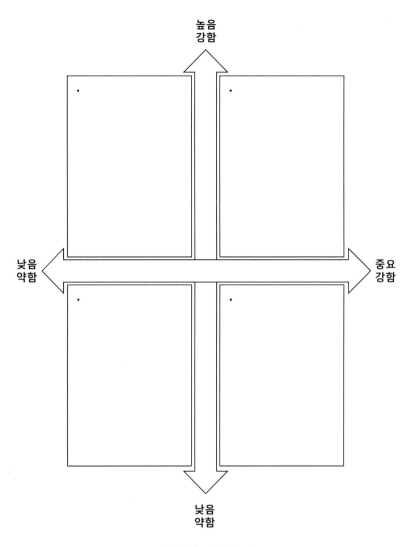

4가지 은퇴 시나리오 도출

현재 자신의 위치에서 1번 시나리오로 이동하기 위해 필요한 핵심 전략과 1번 시나리오에서의 성공적인 은퇴를 위해 필요한 핵심 전략 및 상세 내용들을 정리합니다.

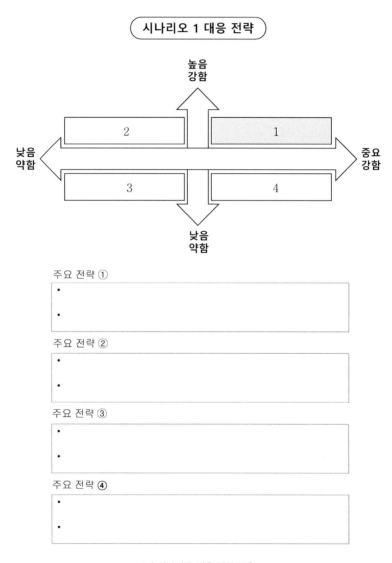

1번 시나리오 대응 전략 도출

현재 자신의 위치에서 2번 시나리오로 이동하기 위해 필요한 핵심 전략과 2번 시나리오에서의 성공적인 은퇴를 위해 필요한 핵심 전략 및 상세 내용들을 정리합니다.

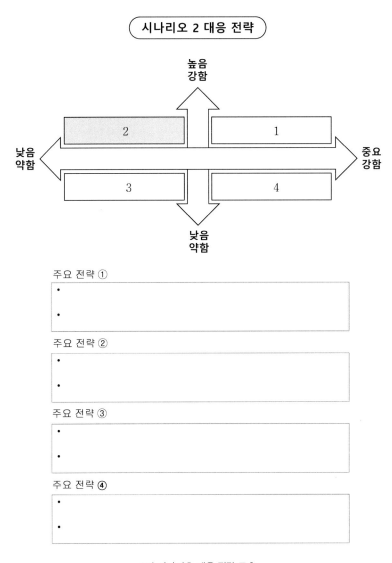

2번 시나리오 대응 전략 도출

현재 자신의 위치에서 3번 시나리오로 이동하기 위해 필요한 핵심 전략과 3번 시나리오에서의 성공적인 은퇴를 위해 필요한 핵심 전략 및 상세 내용들을 정리합니다.

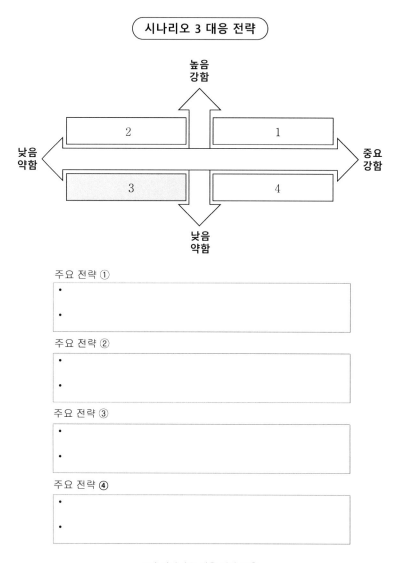

3번 시나리오 대응 전략 도출

현재 자신의 위치에서 4번 시나리오로 이동하기 위해 필요한 핵심 전략과 4번 시나리오에서의 성공적인 은퇴를 위해 필요한 핵심 전략 및 상세 내용들을 정리합니다.

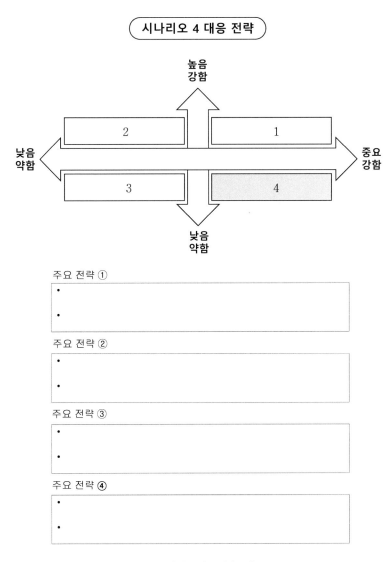

4번 시나리오 대응 전략 도출

은퇴 플래닝 Tip 4

앞에서 도출된 시나리오 중 자신에게 적합하고 적용 가능한 은퇴 시
나리오에 대해서는 핵심 전략과 상세 내용의 구체적인 작업 항목과 세
부 계획을 만들어 하나씩 추진해나가시길 바랍니다.

우리의 현재 삶이 힘들고 지쳐 있는 것은 우리가 과거에 열심히 살지 않았거나 잘못 살아왔기 때문은 아닐 것입니다. 모두들 최선을 다해 열심히 살아왔지만 미래에 대한 계획과 준비의 정도에 따른 순간순간의 현명한 판단과 선택의 차이가 개인마다 다른 현재의 삶을 만들어왔습니다.

앞으로 은퇴 이후의 삶 역시 마찬가지입니다. 은퇴 이후의 삶에 대해 먼저 고민해서 계획을 세우고, 그에 따라 다른 사람이 아닌 자신의 의지로 앞으로 남은 인생의 반을 살아가야 합니다.

미래에 대한 목표와 계획 없이 살아가는 것은 암흑 속을 헤매는 것과 같습니다. 살아가고 싶은 미래 삶의 모습에 대한 분명한 목표를 정해야 합니다. 그리고 그에 맞게 미래를 계획하고 행동으로 실천하면서 차근차근 원하는 모습의 삶으로 만들어가야 합니다. 구체적인 목표와 방향성 없이 막연한 기대와 요행만을 바란다면 아무런 진전도 이루어 낼 수 없을 것입니다.

지금까지는 일에 맞추어 회사가 정해준 길을 걸어왔다면 은퇴 후에는 자신의 길을 만들면서 걸어가야 합니다. 지금까지 살아왔던 삶의 방식과는 전혀 다른, 새로운 삶의 방식을 찾아 선택할 수 있어야 합니다. 그리고 그 선택의 기준은 다른 사람이 아닌 바로 자신이어야만 합니다. 이전의 삶의 방식에 너무 얽매이지도, 고집하지도 말고 자신을 최대한 이해하고 알아가면서 나를 위한, 나만의 삶의 방식을 만들어갈 수 있기를 바랍니다.

제가 그랬듯이 주변의 동료들이나 많은 중년 직장인들을 보면 의욕 없이 하루하루를 살아가는 모습이 많이 지치고 힘들어 보입니다.

이 책이 큰 힘이 되지는 못하겠지만, 그래도 고단한 하루 일상에 조금이나마 위안을 드릴 수 있기를 바랍니다. 또 회사가 아닌 자신만의 행복한 미래를 고민하고 준비하고 실천하는 작은 시작의 발판이 되기를 간절히 바랍니다.

피터 드러커가 13살이었을 때 수업 시간에 한 선생님이 학생들 한 명 한 명의 이름을 불러가며 이런 질문을 했다고 합니다. "너는 죽은 뒤에 어떤 사람으로 기억되길 바라니?" 물론 그 어린아이들이 답할 수 있는 질문은 아니었고 대답하는 학생은 아무도 없었습니다. 잠시 뒤에 그 선생님은 "나는 너희들이 이 질문에 대답할 수 있을 것으로 기대하지 않았단다. 이 질문에 답하기에는 너희들은 아직 너무 어리단다. 하지만 너희가 50살이 되어서도 여전히 이 질문에 대답하지 못한다면 너희는 인생을 낭비한 것으로 봐야 할 것이다."

60년이 흘러 그 학생들이 73세가 되었을 때 동창회에서 만난 대부분의 친구들은 어릴 적 그 선생님이 하셨던 질문을 기억하고 있었다고 합니다.

그들은 이 질문을 계속 생각하면서 살았고, 그것이 자신들을 바른길로 이끌어주었다고 합니다. 그리고 그 질문에 대해 피터 드러커가 찾아낸 답은 "나는 사람들에게 목표를 달성하도록 도와준 사람으로 기억되길 바란다"였다고 합니다.

저 역시 이제 50을 바라보는 나이에 '나는 죽어서 어떤 사람으로 기억되길 바라는지' 다시 한번 곰곰이 고민해보면서, 남은 후반전 인생이 다른 사람에게 보탬이 되는 보람된 삶이 될 수 있도록 노력하며 살아야겠다고 다짐하면서 이 책을 마무리합니다.

아무쪼록 이 책이 은퇴를 고민하시는 수많은 직장인들에게 마음의 안식과 등불이 되어 은퇴 이후 행복한 인생 설계의 길잡이가 될 수 있기를 바랍니다.

윤재아빠